「わたしはわたし」で生きていく。

バービー《Barbie》

PHP研究所

プロローグ

prologue

私はずっと私のまま、今日まで生きてきました。

シャイで人づきあいが苦手で、なのに自己顕示欲はすこぶる強め。この〝私〟の根本は、今も昔も変わっていません。

実際、〝ボディポジティブ〟とか〝セルフラブ〟とか、そういう新時代の波がやって来る前、私はただの変わり者で、マイノリティで、考え方や価値観に共感されることもあまりなかったし、ときには笑われることもあったほどで、周囲からは宇宙人みたく思われていました。

それなのに今、私の話を聞いてくれる人がこんなにもいる。

私は私のままで、中身は同じ人間なのに、世間の評価が変わったのです。

最初は、この変わりように戸惑《とまど》いました。

だって、これまでさんざん〝勘違い女〟とか〝ブスだけど自信満々〟なんて言われていじられてきて、そのおかげで芸人としてバラエティ界で生きてこられたわけだけれど、今では〝自分軸で生きている見本〟みたいに扱われることもある。

ブスは自信持っちゃいけなくて、意気揚々《いきようよう》と意見するなんてNGだった世界がいつのまにか一変して、真面目に私の話を聞いてくれる人がいて、共感してくれる人もいて、ときにはもてはやされたりもしちゃう。

自分は何も変わっていないのに、時代のせいで、違って見えるみたいなのです。

もちろん、評価されるのはすごく嬉しい。けれど、「世間って、当てにならないものだな」という気持ちも本音かもしれません。

だからね、思うんです。

世間という不確かなものに振り回されるなんて、ばかばかしい！　人からどう言われようと、世間からどう評価されようと、私は私を生きていれば結果オーライなんじゃないかって。

踊らされていると思いきや、じつは踊りたいように踊っていればいいのよね。

そんなわけで、この本には私の持てる〝持論〟を詰め込んでみました。あくまで私の考えだから、その通りに従う必要なんて全然ないし、喫茶店で隣の人の会話を聞いているみたいなノリで、読んでもらえたら嬉しいです。あるいは、「自分はそうは思わないな」とか「この考えは違うでしょー」と反面教師にしてもらって、あなた自身の考えをクリアにするのに役立ててもらえたらいいな、とも思います。

私自身は大学生の頃いちばん生き方に悩んでいて、人との距離の取り方とか接し方すらわからなくて、自己啓発本をめちゃくちゃ読んだんです。元気なときに読むとなんてことのない言葉でも、まいっているときに読むと心に刺さったりして、ずいぶん救われました。

シャイで人間関係が苦手という私の根本は今も相変わらずだけれど、数々の自己啓発本のおかげで、スキルとしての対処法が身についたのかもしれません。

ときには、「なんで、こんなこと言われなきゃいけないの⁉」と思うこともあったけれど、意見したくなるその感覚も、ちゃんと自分の糧《かて》になっていたのだと今になって思います。無駄じゃなかったぞって。

だからもし、「なんでバービーにこんなこと言われなきゃいけないの!?」と思ったら、その気持ちも大切にしてください。むくむくと湧き上がるあなたのその感情や思考はとても貴重で、この先も信じるべきものだと思うから。

そしてもし、あなたの心に響く言葉がひとつでもあったなら、私、身震いして喜びます。


この本には何のルールもないので、あなたの思うように、いいとこ取りして使ってください。あなたにとって、何かしらの元気や勇気の種になれたら、これほど嬉しいことはありません。

「わたしはわたし」で生きていく。

Contents

Contents

写　真　南 阿沙美
(p.11,27,31,48,70,84,90,129,130,141,
142,143,156,166,176,187)
上記の写真以外は著者提供

スタイリスト　谷口夏生(Neuron)
ブックデザイン　根本佐知子(梔図案室)
編集協力　山本貴緒
編集担当　中村悠志(PHP研究所)
協　力　株式会社ワタナベエンターテインメント
植田茂樹

本書は、月刊『PHPスペシャル』の連載「バービー流 幸福論」(2022年1月号～2022年12月号)に書き下ろし原稿を追加し、再編集した1冊です。

「わたしはわたし」で生きていく。

1

外見って大事なの？

誰がコンプレックスだって決めたの？

「外見のコンプレックスはある？」

今そう聞かれたら、私は「ない」と答えます。「いやいや、バービーならあるはずでしょう」って思いましたか？

理想と現実のギャップを感じることは、やっぱりあります。でも、それはコンプレックスとはちょっと違うんです。今の自分は、「なんで私ってこうなのよ」みたいな自分の内面的な問題に注目していると、外見の悩みは忘れてしまうんですね。

とはいえ、思春期の頃はもちろん、それなりに悩んでいました。

私がはじめて外見というものにコンプレックスを抱いたのは、中学生の頃。なぜなら、顔に活火山のように膿を持ったニキビが出まくって、私の顔面を占領してしまったからなのです。

そのニキビ面で夏祭りに出かけた夜、テキ屋を手伝っていたちびっ子に「顔どうしたの?」と言われて、ずっきーんと傷ついたことを今でもよく覚えています。

その子は純粋に心配してくれただけだと思うけれど、「子どもに心配されるほどヤバいのか……」とかなりショックでしたし、とにかくものすごく恥ずかしかったんです。

外見のことって、それまでさほど気にしていなかったのに、他人から言われて意識しはじめてしまうことがありますよね。私の場合はそうでした。

人から指摘されて傷ついて、人生初のダイエットを試みる羽目になったのも中学生のとき。当時の私は部活のテニス一筋で、夜は闇に消えるほど真っ黒に日焼けしていたのだけれど、ある日、クラスメイトにこう言われました。

「おお、最近、柔道部はどうよ?」

私がテニス部なのはみんなが知っていて、しかもうちの学校に柔道部はない。となれば、この言葉に込められた真意は明らか。ガッチリムッチリな体型をからかわれたわけです。

自分の身体を客観的に語られることへの抵抗はないけれど、そこに悪意のにおいを察知すれば人は傷つく。人生初のダイエットは、残念ながら悲しさと悔しさを伴う記憶として私の脳に刻まれてしまったのでした。

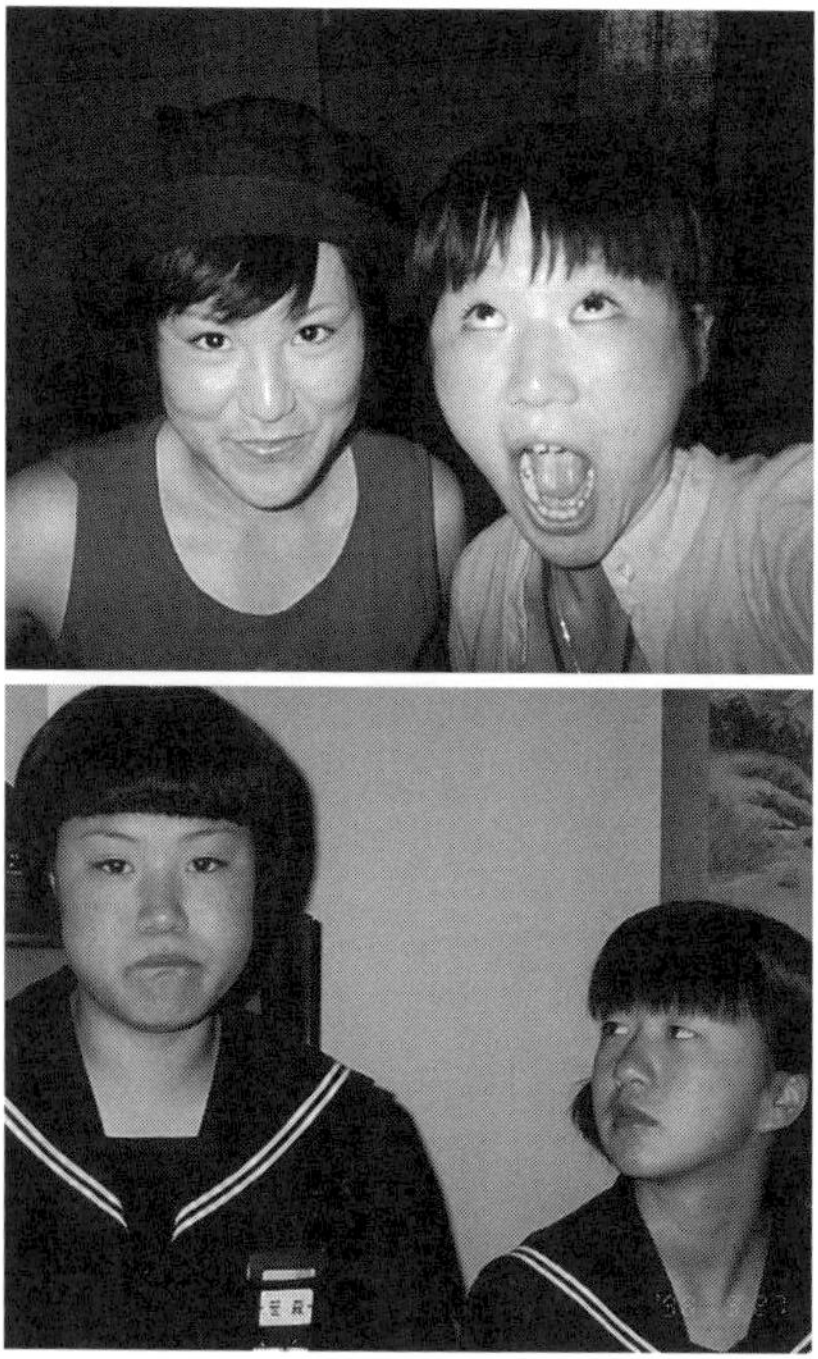

「女子大生」というレッテル

それでも、まわりは全員身内みたいな北海道の田舎で育った私は、ずっと守られていたんでしょうね。誰かと外見を比較されたり、〝女〟としての価値をジャッジされたりする経験をほとんどしてこなかったんです。

だから大学進学のために上京して、おったまげました。

東京――そこは戦場だったのです（！）。〝女子大生〟というレッテルを即座に貼られ、あれよあれよという間に〝若い女性＝魅力に溢《あふ》れている女のピーク〟という評価の土俵《どひょう》に立たされました。

今では信じがたいけれど、当時の私はみんなと同じように「かわいくてキレイですらっとした女性」を目指さなきゃと本気で思っていたのです。

同じ土俵に乗らないと浮くし、浮いてしまえばぞんざいに扱われるから身動きがとれなくて。あの頃は本当にしんどかったですね。

あるとき、友だちと「お小遣いを稼ごう！」と意気込んでキャバクラに体験入店したのだけれど、そこでもことごとく撃沈《げきちん》。

大学時代、東武東上線の志木駅（埼玉県）に住んでいた私。まず池袋のキャバクラに落ちて、成増のキャバクラにも落ちて、日本人スナックにも落ちて、やっとこさ志木の多国籍スナックに拾ってもらえた……という経験をしました。

〝女〟としての価値って、こんなにもあからさまに優劣をつけられてしまうものなのだと、かなりショックでした。

これは自分から土俵に飛び込んだ話なので今では笑い話だけれど、普通に生きているだけでも有無を言わさず土俵に立たされて、〝女〟としての闘いを強制されてしまう。そういう場面は、今でもまだ社会のそこここに残っている気がします。

むしろSNSがあることで、ルッキズム（＝外見至上主義）が過剰《かじょう》になっている部分もあるかも。

むしろ「武器」なんですけど

ところが、大学を卒業して芸人の世界に入ったことで、私自身はその土俵からあっさり降りることになりました。

一般的な女子大生になろうとしてもなれなかった自分は、どこにも居場所がないようなジレンマをいつも抱えていました。

でも、芸人になったおかげで、自分の存在意義が変わったとでも言ったらいいのかな。芸人としては、押し並べた評価からあぶれたほうが断然勝ち！ なんですよね（笑）。つまり、普通じゃないほうがカッコイイ世界。

それまで押し殺すべしと思っていた自分の個性――つまりはコンプレックスだった部分こそが武器になる。そういう世界に飛び込んだことで〝美〟に対する捉《とら》え方も変わりました。

何より、お金や努力やメイク、演出などで、芸能人が別人になる瞬間を何度も見ていますからね（笑）。モデルだって俳優だって、リアルはただの人間です。

さておき、〝人とは違う部分〟があるから仕事になってお金をいただけているという事実が、単純にとても嬉しかったんです。だから今の私は、もうあの頃の土俵に舞い戻る気はゼロ。自分だけの評価軸を最重視して生きていくつもりです。

そして最近は年齢を重ねてきたおかげで、「自分らしい理想って何なのか」も、よりクリアに見えてきたように思います。

ボディラインの好みも把握できているし、自分にとってのベストがあることにも気づけた。誰もが唯一無二《ゆいいつむに》の存在だから当たり前だけれど、その人が持つ骨格にぴったりな体型というものがあるんです。ファッションだってメイクだって、自分をいちばん美しく見せてくれるベストがある。

つまりは自分の身体を愛そうという「ボディポジティブ」の主張とも重なるけれど、だからといって、単に両手を広げて「ありのままを受け入れようよ」と言いたいわけでもありません。

今自分で気に入っている身体のパーツは、じつは私なりに働きかけて良くした部分だったりします。たとえば、おっぱいがそう。

若かりし頃は鳩胸で左右がロケットみたく好き放題に飛び出していたのを、ブラで矯正して努力を重ねて今の形状がある。そうやって、自分らしい理想を抱いて努力したり工夫したりすることで、さらに自分を好きになっていくんです。「お〜、いいじゃん、私」って。

だから痩《や》せようとしたって悪くないし、逆に痩せないでいることだって、お肉をつけようとすることだって、ぜんぜん悪くないんですよね。

「外見」という演出は使わなきゃ損

じゃあ、結局のところ外見はどうでもいいかと言えば、答えはNO！　とても大事だと思っています。なぜなら私にとって外見は、「自分をどう見せたいか」「どう扱ってほしいか」を表現するための大切な〝演出〟だから。

外見を飛び越して本質を見定めようとしてくれる人というのは、おそらく本当に稀《まれ》ですよね。とくに最初は、ほとんどの人が外見だけを見て相手を判断していると思います。

たとえば、最近はよく「結婚して変わったね」と言われるんです。でもそう見えるのは、私が意識して外見――つまり演出を変えたせいだったりする。

10年ほど芸人をやらせてもらっているけれど、世の中が今のように「自分らしく生きよう」という風潮になる前は、めちゃめちゃ〝ブス〟に見えるメイクをしていたんです。芸人になった当初はとくに、〝どぎついブス〟を演出していましたね。

気になったら、ぜひ昔の私をチェックしてみてください(笑)。

ただ、今はもう女性芸人ががんばってブスをやる時代じゃないと感じるし、自分のフェーズも変わりました。フォロワーさんのニーズも変化してきているし、「美容って楽しい」という自分の気持ちにも気づきました。

だから演出を、「ブス」から「かわいい」とか「クール」にシフトしたんです。私自身の本質は変わっていないけれど、外見という演出を変えたわけです。

どんなふうに演出したところで、世の中から傷つく要素をすべて排除することはおそらく無理。エンタメの世界での演出を不快に思う人もいるだろうし、傷つく人もやっぱりいるかもしれません。だから万人《ばんにん》を考慮した演出はなかなか難しいけれど、自分なりの落としどころを見極めていきたいなと、今は思っています。

外見は、自分がどう見られたいかで決めればいい。そのプロデュースは結局のところ、自分自身にしかできないと思うんです。

バービー持論

外見＝どう見られたいかの演出。プロデュース能力が問われるもの。

\ 2 /

「いい女」ってどんな人？

筋が通ってる人はカッコいい

私が思う「いい女」は、何より筋が一本通っている人。自分の世界観にブレがなくて、自分をどう演出すればその世界観が伝わるかを、ちゃんと知っている人です。そういう人を、私は美人だと思います。

パッと思い浮かぶのは夏木マリさん。ここで愛を告白しちゃっていいのかわからないけれど(笑)、いつ見てもうっとりしますよね。

人って、どうしても虚勢を張ったり、逆に「私なんてダメだ……」と弱気になったりしがちじゃないですか。だから自分の能力やキャパをしっかり把握して、自信につなげてキャリアを積んでいる女性は、すごくカッコいい。

「美しさ」の概念で言えば、ボディラインや自分の骨格に合う肉づきなど、生まれ持った自分の身体の良さを知っていて、魅力にしている人も大好きです。

ただ、そうはいっても、そういう「自分らしさ」みたいな世界観を手に入れるまでの道のりは、きっと誰もが悪戦苦闘するんだと思います。

たとえば私が大学生の頃は、みんなブランド物を持って似たようなファッションをしたりしていました。私も入学当時、「何これ、みんな同じじゃん！」と驚いたものです。

もちろん個性的な子もいたけれど、たいがい似通っていて……それでいて、どこかちぐはぐ。きっとそれが「若さ」なのでしょうね。

浮いちゃマズいけれど、自分らしさを殺したくないというプライドと、キラキラしている子たちへの羨望《せんぼう》の気持ちが、ごちゃまぜになっていたのかも。だから当時の私は、ブランド物を毛嫌いしていたんです。

ただ同時に、みんなと一緒じゃないと怖

いという気持ちもあったから、表には出さずに内なる誓いを密《ひそ》かに立てました。「そこには絶対乗るもんか！」というブランド抵抗（笑）。

歳を重ねると、見えてくるかも

この歳になってようやく、ブランド物への毛嫌いも薄れてきました。じつは本当に最近まで、買い物のおまけでついてきたズタ袋を使っていて、「さすがにそれヤバいんじゃない？」と彼が買ってくれたのです（ちょっとおのろけ！）。そのときの正直な心中は、「このバッグを買うお金で何回飲みに行けるんだ⁉」でしたけれど（笑）。

「自分らしい世界観」と言うと聞こえがいいけれど、探している途中はもうブレまくるものですよね。だから、たどり着くまでにも人それぞれ時間差があっていいし、すぐに「これが自分だ」と見つけなきゃいけないものでもないんだと思います。私もつい最近まで、キャリア系、B系、モード系などを転々と渡り歩いていたんです。

人は歳を重ねるごとに、だんだんと「自分らしい自分」になっていく。そんな認識でいいんじゃないかなという気がします。

「いい女」は目標じゃない⁉

じゃあ、私が思う「いい女」こそが自分自身の目標で、なりたい自分なのか？と問われると、じつはNO。

いやあ、だって夏木マリさんに近づこうなんて無理な話でしょ（笑）。

人それぞれゴールは違っていいはずだから、「いい女」は私の目標ではないんです。

人から望まれるバービーと、私がなりたいバービーもきっと違う。だから究極的には、周囲に求められるイメージからつねに解き放たれている自分になれるのが理想なのかもしれません。

あなたももしかしたら、インスタを見て「この人になりたい」と憧れを抱くことがあるかもしれないけれど、「そう思っているうちは、その人を越えられないぞ」なんて偉そうにアドバイスしたくなっちゃうんだな（笑）。

もちろん「憧れの〇〇さんみたいになりたい」と思う気持ちは悪くないけれど、ちょっと健全じゃない気がしてしまうのです。

だって、その人にはなれないと気づいて、いつかきっと傷ついてしまう。

だったら、理想の「いい女」はそれとして置いておいて、自分自身と向き合ってみたほうがいいのかなって。

私もまだまだ全然ちぐはぐだし、「これが私だぜ！」という地点にはたどり着けていないけれど、ちぐはぐなままだって人は生きていていいと思うんですよ。

「いい女」には魅了されるし憧れるけれど、友だちになりたい人や、仕事を一緒にしたい人が必ずしも「いい女」であるとは限らない。だから、みんながみんな「いい女」になる必要もまったくない。

憧れと自分は分けて考える。ゆえに私は「いい女」を目指さなくていい。

これが今のところ、私の結論かもしれません。

理想は描ければ叶う、ほんとに

「いい女」になる必要はないけれど、「なりたい自分」はあっていいよね。

理想像はあれこれ浮かぶけれど、結局のところ本当になりたい自分というのは、わざわざ外に求めなくても、じつは内側に持っているものなんだと思います。

もしかしたら、そういう欲求は見て見ぬ振りをしたほうがラクに生きられる場合もあるだろうから、知らず知らずのうちに蓋《ふた》をしている可能性もありますよね。

ちなみに、今私が抱く理想は、ものすごくシンプル。思いきって暴露《ばくろ》しちゃうと、こんな感じです。

毎日きちんと箒《ほうき》で床を掃《は》いて、ぬかどこをかき混ぜて……という丁寧な暮らしをしつつ、自分のクリエイティブな仕事を作品として世に出せて、お金の心配をせずに生活できること。

どう？　かなりシンプルでしょ？　ついでに欲望も暴露しちゃうと、居住地は海外を含め4拠点に持って、土地を転がしちゃうの（笑）。

イメージはむくむく浮かんでくるけれど、かといって綿密に堅実な計画を立てられるタイプじゃないし、立てたところで実行しない可能性が大。なので、ゆるりとチャンスがやって来るのを待てばいいさ、という心持ちで今を生きています。

ひとつだけおすすめしたいのは、「なりたい自分」をノートに書き出してみること。

目標を持つのはしんどいし、夢物語だけ書いてもむなしいよって思うかもしれないけれど、書くのはタダだし、誰からも批判されないからすごく自由。

私の場合は、書くととにかく「ワクワク」するんです。そのワクワクが背中を押してくれるのね。そして気づいてしまったのです。書き出したことは、8割くらいは実現できるということに(!)。

単に妄想だったはずのその夢は、実現に至るまでのプロセスを細分化できて、自分が何をすべきかのフローを思い描くことができたら、あとは行動に移すのみ。だから書き出してみれば、どんどん叶《かな》っていくんです。

仮に実現できなかったとしても、言葉に落とすと、思いのほか「自分自身」がよく見えてくる。自分の思考や感じ方のクセが見えてきて、「ちょっと待てよ。そう思わなくてもいいんじゃない？」と軌道修正できてしまう。

ノートにあれこれ書き出したおかげで、世界の見え方さえも自分で変えられるんだと気づけたんです。ちょっと視点を変えてみるだけで、絶望が希望に変わっちゃうことだってあるのだと。

もちろん無理してやれとは言わないけれど、書いてみると、きっとあなたもラクになると思う。「あれ？　もしかして私ってけっこういい女なんじゃない⁉」って、思えてしまうはずだから。

バービー持論

いい女＝一本筋が通っている人。憧れであり、目標ではない。

3

愛とお金、選ぶならどっち？

怖いのは、稼げなくなる自分

これはかなりの難問！　ものすごく悩むけれど、現状の私は「愛」と答えちゃうのかなあ（照）。でもね、恥じらい抜きで自分の経験だけを考えたら、お金ではなく愛のために結婚したと思っているのは確かですね。

そういうつもりで、直接的な経済力より、サバイバル能力の高いパートナーを選びました。焼け野原でも生き延びそうなフィジカル面の強さと、TOKYOというコンクリートジャングルでも状況に適応して生き残れそう、という柔軟性が決め手。そういう意味では、最低限の経済力という要素も入っているのかも。

それがなかったら、きっと愛にも発展しなかったと思います。お金があってもなくても楽しく一緒に生き延びられる。それが今のところ、私にとっての「愛」なのかもしれません。

逆に今、私がいちばん恐れているのは、稼げなくなることなんです。

相手にお金は求めないけれど、一緒にいることで自分がお金を生み出せなくなるのは、ものすごく怖い。

そういう意味では、私の場合、愛とお金はそもそも同じ天秤《てんびん》にかけられない存在なのかもしれません。お金は「自分のこと」であって、愛は「誰かと一緒に育《はぐく》むもの」だから。

稼げなくなるのが怖いから、禁断の愛に走って駆け落ちなんてことも絶対できないでしょうね。

お金がない男は結婚できないの⁉

あるとき、私のＹｏｕＴｕｂｅに男性からコメントがあったんです。

「結局、お金がないと男子は結婚できない気がします」と。

ホントにそうなの⁉　世の中の女性たちはそう思っているの⁉

その真偽を確かめたくて、インスタグラムでアンケートをとってみました。

すると、８割方の女性はお金が必要だという答え。でも、それは単に「お金が欲しいから」とか「専業主婦になりたいから」とかいうわけではなく、私が自分で稼げなくなることを恐れるのと同じように、「不安だから」という理由でした。

日本みたいな先進国で、こんな気持ちが共通項だなんてちょっと寂しい気がするけれど、この感覚が現実を物語っているんでしょうね。女性が安定して稼げない、安心して暮らせない社会構造があるということだと思います。

妊娠・出産の期間中ちゃんとフォローされるならまだマシかもしれないけれど、置かれた環境によってはそれもままならない。社会の体制は相変わらずで、同じだけ働いても役職につけなかったり、女性の正規雇用が少ない現実もあったり、そもそも仕事で成功することは女性の生き方じゃないよという考え方がいまだに根強く残っていたり……。

こんな不均衡が残る世の中で、女性が仕事をすれば負担ばかりが増えてしまう。フェアじゃない空気感が満載なんですよね。

しかも、アンケートの答えを眺《なが》めて感じたのは、「女性」という性で生きてきた人は、自信を持ちにくいのかもしれないということでした。せっかく手にした役職のチャンスを断ってしまったり、資格をとってもチャレンジしないまま諦めてしまったりするんです。

本来、問題があるのは社会構造やジェンダーバイアスのほうなのに、いつのまにか個人の問題にすり替わって、そのせいで自信を失っている女性が多いんじゃないか——そう感じずにはいられませんでした。

一方で「だからって、どうして自分のキャリアを諦めちゃうの⁉」という疑問も湧《わ》いたんです。「自分にはスキルも才能もないから、パートナーになる人には収入を求める」なんて言えてしまうのは、女性というジェンダー特有のバイアスなんじゃないかなって。

それで夫つーたんに訊《き》いてみたら、こんな答えが返ってきました。

「だって、あなたはすごく稀な人だから」

つまり、私はやりたいことと努力が嚙み合った、むっちゃラッキーでめずらしいケースなのだと。確かに私はチャレンジを惜しまないタイプだと思います。いや、がんがん突き進むと言ったほうが正しいか（笑）。

けれども実際の世の中は、「何でもチャレンジして努力すれば結果に結びつくとは限らない。報《むく》われぬままに希望も勇気も尽き果ててしまう人もいる。だからバイアスだなんて簡単に言える立場じゃないよ、きみは」とバッサリ切られてしまいました。

生まれつきなのか、芸人やってしごかれてきた人生だからなのか、世の〝普通〟の感覚がどうやら欠落しているんですね、私……。

「派手な原色や蛍光色の服は人目が気になるからあまり着たがらない人もいるよ」とか、「結婚で男性が姓を変えるのは、レアだし抵抗がある人が多いんだよ」などという、世のいわゆる〝普通〟の感覚を教えてくれるのが彼なのです。

それで妙に納得しました。

男だからお金稼いで、女だから良妻賢母になって……なんていうジェンダーバイアスは古すぎるよねとみんな知っているはずなのに、気づけばまた同じ穴に落ちてしまう。今の社会には、そんな落とし穴がまだいっぱいあるということなんでしょうね。

私のこの「稼ぎたい欲」は、きっと〝いかに男性と同じスタートラインに立つか〟という感覚に近いものなのだと思います。だから、その感覚を世の女性みんなに押しつけるのは正しくないのだと、納得できました。

どこまでがジェンダーの問題で、どこまでが個人の価値観の問題なのかの境界線はなかなか見えにくいけれど、個々人が性差にかかわらず、自分の能力や適性を思いっきり発揮できる社会になってほしい――そんな結論にたどり着いたわけなのです。

そりゃあ、愛もお金も欲しいでしょ

私は仕事をして稼いでいる自分が好きだし、ぶっちゃけ「お金が好き！」だから、どうしても仕事の話になってしまうけれど、仕事にもやっぱりグラデーションはありますよね。マズローの欲求5段階ピラミッドと同じで、お金やキャリアのためだけに我慢してやる仕事もあれば、「これぞ自己実現!」と感じられる仕事もある。

ただ、これまでものすごくやりたくない仕事もたくさんしてきたから、今はどんな汚れ仕事もできるという自負もあるんです。これ自慢ね(笑)。

生きていくためには、プライドを捨ててお金を選ばなきゃいけないタイミングも、きっとありますよね。まさに今、あなたもそういう厳しい選択をしていたりするのかも。そんな状況だったら、誰かと何かを楽しむ余裕がないのもしかたのないことだと思うんです。

だから、「お金がなくなれば愛も尽きちゃうよ」という考え方も否定しません。お金と愛にどう向き合うかも、やっぱり人それぞれ違うはずだから。

じゃあ、どうやってつらい仕事を乗り越えるかといえば、やっぱり希望しかないいん

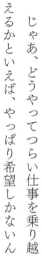

じゃないかな。

努力や計画性ではどうにもならないビッグチャンスが必ず来ると、とにかく信じる。チャンスを受け入れる自分の土壌さえ準備できていれば、愛もお金も必ずやってくる――この根拠のない自信と希望が、いちばんの引き寄せになると信じているんです（笑）。

バービー
持論

お金＝自分で生み出すもの。欲しいもの。
愛　＝お金がなくてもあっても一緒に楽しめる存在、
またその存在がもたらしてくれるもの。

4 自分を好きになるにはどうしたらいい？

健康状態が原因かも⁉

「自分大好きバビたんです♡」がモットーのバービーですけれど、素の私がつねに自分大好きかというと……そんなわけはないですね（笑）。

やっぱり人間だから、どうしたって自分が嫌いになる瞬間はあって、「劣《おと》ってるなあ自分」とか「なんて中身のない人間なんだ」なんて具合に、しょっちゅう落ち込んでいます。

でもね、あるときふと思ったんです。この自己認識とか自己評価みたいなものって、じつは健康状態にすごく左右されるんじゃないかと。

たとえば、自分のケアがどうでもよくなったり、いつのまにか部屋が散らかっていたりすることは誰にでもあると思うけれど、そういうときに限って、自分の嫌いなところを強く感じるゾーンに入ってしまいがちですよね。

イケてる自分だって知っているし、気に入っているところだってあるのに、照準をそこに合わせられなくて、自分のネガティブな部分ばかりに意識がいっちゃう。

そういうときって8割方は、何か健康状態に原因があるんじゃないかと思うんです。

だから自分を好きになれないときは、たとえばホルモンバランスが乱れているとか、肩がこっているとか、とても疲れているとか、あるいは生理でしんどいとか、そういう理由をいちど疑ってみるといいかもしれません。

気分が落ちているときほど、まず身体をケアしてみる。私自身は最近そう心がけています。それから、とくに腸は「第2の脳」とも言われるほどなので、たまに腸活もしているんです。不思議と気持ちも穏やかになるんですよ。

私の場合はわりとシンプルで、「最近、添加物の多いものばかり食べてないか」とか、「冷たいものばかり飲んでないか」とか、自分の生活を見直してみると、意外なほど元気になれてしまうのです。

謙遜《けんそん》はほどほどに

日本の社会って、「謙遜しなくては」という意識がすごく強いですよね。褒《ほ》められても「ありがとう」じゃなくて、「そんなことないよ」とつい返してしまう。

この謙遜文化も、自分を好きになりにくい体質を助長していますよね。いつのまにか、〝ネガティブな自分〟が染みついちゃうんです。

今でこそ、私のこの〝自信満々キャラ〟もだいぶ受け入れてもらえるようになったけれど、10年前は本当に叩かれました。「太ってるのに、よくそんな服着られるね」と何度言われたことか(笑)。

この時点で、キャラ付けは大成功！　でも当時は、「どうしてこんな言われ方するんだろう？」と不思議でもありました。だからよけいに〝イタい奴〟だと思われたんでしょうね。

だけど、「ヤバいよ」とか「イタいよ」と誰かをジャッジする人って、じつは自分自身がその呪いにどっぷりハマっているのではないか、という気もするんです。

つねに人の目を気にして、「私なんてぜんぜんかわいくないし……」と周囲に謙遜しているうちに、自分を卑下《ひげ》する呪いを自らにかけてしまっている。きっと厳しく育ってきた人ほど、知らず知らずのうちに「～べき」という〝常識〟に縛られて、自分で自分を律しているんだと思います。

だからもし、呪いにがんじがらめになって、今の自分を好きになれないのなら、他人を許すことから始めてみたらどうかなと思います。人を受け入れると、自分自身もラクになれるはずだから。

そのフィルター、必要!?

私が育った田舎は、子どもの美醜《びしゅう》についてなんて誰もとやかく言わない環境でした。もちろん地域性もあると思うけれど、地元での私は、ただ〝まるまるとした健康な子〟でしかなかった。18歳までずっとね（笑）。

だから東京にやってきてびっくりしました。私と同世代のほとんどの人が、小さな頃から「見た目」でジャッジされて育ってきているんです。

最近も、何の気なしに知り合いのSNSを眺めていたら、あかちゃんの写真に

「目がぱっちりしてて美人だね」というコメントがついていたりする。

いやいや、そんなジャッジ必要ないでしょう⁉　と突っ込まずにはいられません。生まれてきたあかちゃんにまで、そんなこと言う⁉

夫の実家に行ったときにも、彼が姪《めい》っ子に向かって「前髪、短いほうがかわいいよ」と言っているのを聞いて、怒ったことがあるんです。子どもに対して、髪形で女の子としてかわいいかどうかが決まっちゃうみたいなことは言わないでくれ！と。

まだ何も知らない無垢《むく》な子が、大人の不用意なひと言のせいで自分をフィルターにかけちゃうかもしれない。

それはまるで私の知らない世界だったけれど、確かにこんなふうに大人に価値を植え付けられながら育ったら、「自分はブスだ」とか「自分はかわいい」という偏《かたよ》った自己評価がすぐに芽生えて、やがてはそのフィルターに縛られてしまうんだなと。

大学でも、私よりもずっとかわいい子たちが「自分なんて……」と落ち込んでいる姿を見て、「ええっ⁉　いわゆる一般的に言う美人だし、何も問題なく生きているのに、なぜ?」と不思議でたまらなかったんです。

当時の私は、在籍していたのがインド哲学科だったことも手伝って、「そんなフィルターのかかった狭い世界で生きているから苦しいだけなのに、なんで勝手に傷ついているんだろう?」と思うばかりで、彼女たちに寄り添うことができませんでした。

でも、この歳になって、フィルターから逃れられない苦しさも理解できるようになった気がします。やっぱり、苦しいよなあ。

SNSは健康のバロメーター

今って、本当に何でも比べやすい世の中ですよね。SNSを眺めれば、自信をなくすのに充分な情報がたんまり流れてきますしね。

とはいえ、たとえ目の前に同じ事実があっても、受けとめ方はそのときどきで違うもの。

友だちの幸せそうなSNSを眺めて素直に祝福できるときもあれば、目を背《そむ》けたくなるときもある。それってつまりは、自分が元気か元気じゃないかの違いなんですよね。

やっぱりすべては、健康状態に戻ってくる（笑）。

そう考えると、ＳＮＳは健康のバロメーターとも言えるのかもしれません。落ち込んだり、文句を言いたくなったりするのなら、身体がかなり疲れているというサインだってこと。

芸能人でもＳＮＳをまったくやってない方は、みなさんすごく健《すこ》やかそうで、それでいてちゃんと情報通。尊敬しますね。

私の場合、完全には止められないけれど、体調があからさまによくないときは、ＳＮＳ断ちするんです。ＬＩＮＥもやらない。かなりスッキリしますよ。

自分を好きになろうとがんばるよりも、自分をいたわってケアするほうが、じつは「自分を好きになる」近道なのかもしれませんね。

まあ、たとえ自分を好きになれなくても、健康だったら結果オーライなんじゃないかと思っちゃうんですけれど（笑）。

バービー
持論

自己評価＝健康状態に左右される。
自分の身体をケアすることが、
自分を好きになる近道。

5

お金をかけるなら、どこ?

基準はいつでも「好きなもの」

こう見えて私、じつは家計簿をつけたり貯金をしたりせずにはいられないタイプなんです。大学進学で上京してきた頃に始めて、ずっと続けています。

当時、母が時給680円で働いて稼いでくれた仕送りだとわかっていたから、大切に使わなきゃと思ったのかもしれませんね。

今はスマホのアプリで簡単に資産管理ができるし、銀行口座やクレジットカードと紐付けされて収支が自動的に可視化されちゃうから、お金の動向はけっこうチェックしています。

私の場合、一気に100万円豪遊とか、お金ではじけちゃうことはあまりないのだけれど、日々の細々した浪費がすごい（笑）。

ちなみに先月は、衣服と美容への出費が多め。洋服や化粧品は、一度にチープなものを大量に買うからだと思います。あとは小顔整体代が3万円に、美容室代が1万円。それ以外では、いただきものへのお返しなんかが案外高めですね。そして、外食代とタクシー代。

洋服や持ち物にかけるお金は、収入が増えたり歳を重ねたりするごとに上がるものだという感覚が一般的なのかもしれないけれど、なぜか私にはそういう感覚があまりないんです。

今でもTシャツには5千円以上払いたくないし、大の「しまむら」愛用者だし（笑）。美容にも上限額があって、無駄にラグジュアリーなところには行かないし、下着のオーダーメイドも1万5千円までと決めています。

ハイブランドもふたつしか持ってない。バッグひとつで10万円もするなら、安くて似たものを探せばいいと思っちゃう。

確かに私は「いいもの」を知らないから、そろそろそういうお金の使い方をしてもいいのかなと思いつつ、やっぱりめったに自分では買わないですね。

高いお金を払って〝誰かと一緒〟というのも気にくわない（笑）。そういう意味では、高くても1点ものだったら買っちゃうのかもしれません。

それで結果的に「安物買いの銭失い」になることも多いんですけれど、とにかくチープで派手なものが好きなんです。

ただ、たとえばベッドみたいに毎日使う家具には、お金をかけますね。ここが夫と意見が分かれるところで……。

以前、彼が安い家具を買って組み立てに苦労しているのを見て、「だから言ったでしょ！」と。私はひとり暮らし歴が長いから自前の電動工具で「おりゃー」とやれるけれど、彼は悪戦苦闘しちゃうタイプ。あのときは、かなりシュンとしていましたね（笑）。

とにもかくにも総じて言えば、私は自分の「好きなもの」を買っているんだと思います。

自分が稼いだお金で誰かを救える⁉

私自身は「お金が好き」という自覚があるのだけれど、真面目な話、なぜお金に興味を持ったのかというと、そこには明確なきっかけがあるんです。

それは、中学校の保健の授業で「100円あれば、アフリカの子どもたちが命を守るための予防接種を受けられる」という事実を知ったときのこと。

その頃、思春期で中二病まっさかりだった私は、「生きる意味なんてない」「いつ死んでもいいや」みたいな気持ちでいたんですね。

この生きながらにして死んでいるような私にも、1日生きるために最低でも数百円はかかっている。なのに、そのお金で救える命がたくさんあると……!

それはもう衝撃的で、私の心にものすごく響いたんですね。

それならば、「生きたい」と思っている人にお金を渡したい。「お金を稼ぐ＝誰かを救える」という気づきが、大げさではなく中学生の私に生きる希望を与えてくれたんです。

自分がたくさん稼いでお金を生産するほど寄付もできて、もっともっと多くの人を救えるんじゃないか——この発想が、私が自分らしく生きるための源《みなもと》になっているし、何より自分自身が生きる意味をみつけられて、救われたんです。

　中学生の頃からそう考えていたので、買い物をするときにも、自己満足に一瞬ひたるだけのお金で他に何ができるだろうと、つい考えてしまうんですね。

　もちろん自分がウキウキするものだったらいいけれど、他人の目を気にして小さなコミュニティーのなかで評価されるためにブランド物を買うのなら、もっと別の使い道があるんじゃないかなと。

　そういう思考が身体に染みついちゃっているんでしょうね。

資産運用しながら自分の老後を念頭に置きつつ、できる範囲で寄付をして誰かを支え続けたい。そういう活動は大学生の頃からやっていて、少しずつ間口も広がってきています。ま、芸人を始めて極貧だった頃は、さすがにできませんでしたけれどね（笑）。

浪費も生きざま！

お金をどこにどんなふうに使うかって、たぶんその人の生き方や主義にもかかわってくる部分ですよね。

言い訳みたいに聞こえるかもしれないけれど、浪費もいわば生きざまなんじゃないかと思うんです。私の場合は、何でも自分で試してみないと気が済まないから、チャレンジにはお金を惜しみません。

キッチン道具でもヨガでも空き家でも、興味のあるものにはとりあえずお金を投入しちゃう。資産管理はしっかりやっているつもりだけれど、地元の町おこしとか自分の夢とか、そういう持ち出し金については、予算外の部分から思いつきで使っています。

そうやってチャレンジして結局は無駄になっているお金が、きっと膨大《ぼうだい》にあるわけだけれど、そこはもう全部「自分への投資」だからノープロブレム。

今の私にとっては「すべてがネタ」なので、必要経費だと思っているんです。この間もあやうくテニスクラブに入会しそうになって夫に止められました(笑)。

浪費もするけれど貯蓄もする。そういう考え方になれたのは、周囲にお金の知識がある人たちがいたおかげでした。

東京の父と慕っているある人からは、ブラックリストに載るような経歴は残してはいけないとか、公共料金ひとつとっても延滞は絶対ダメとか、ローンの組み方なんかも教えてもらいました。

そして、極めつきの助言が、「財布はつねに3つ持っていなさい」だったんです。不安定な芸人という仕事をしているならなおさら、「本職」「副業」と「不労所得」の3つを必ず持っておきなさいと。

私の場合、昔から漠然と自分はサラリーマンとして稼ぐ大人にはならない気がしていたし、実際、節約生活ができるタイプでもないので、生きていくための備えとか、不測の事態に対処できる蓄《たくわ》えが必要だという考えは、ものすごく腑《ふ》に落ちたんですね。まさか芸人になるとは思っていませんでしたけれど（笑）。

1か月1万円の食費でしのいでいた芸人駆け出し時代ですら、貯蓄はしていた気がします。いつも頭の片隅に「これくらいは持っておくべし」というのがあって、投資信託とか個人年金とか、準備は万全にしておかないと、なんとなく気持ち的にも自由になれないんです。

だから苦しくても貯蓄して運用してパイを増やして、ときめくものに浪費する。そんな生きざまが自分らしいいんじゃないかと思っています。

バービー持論

お金＝ときめくものに使う。その人の生きざま。自由に生きるための翼。

6 結婚って何だろう？

「まともな人」になった⁉

結婚して何が変わったかといえば、いちばんは私のイメージなんです。つまりは、周囲の私を見る目が変わったということ。「見られ方」が変わったと言ったらわかりやすいかもしれませんね。

というのも、結婚する前のバービー像って、どうやら相当の「変人」だったらしいのです（笑）。番組で共演したタレントさんから、「バービーさんって、宇宙人みたいな変な人なんだと思ってました」と言われたこともあるほどだから、世間一般の方々にとっては、かなり変な人に映っていたんでしょうね。あなたももしかしたら、そう思っていたかな？

結婚したおかげで、そのイメージがガラッと変わったみたいで……ちゃんと生活感があって、ひとりの人を好きになる感情を持っている人間なんだと思ってもらえるようになったんです。

だから思いのほか、結婚に対する反応は好意的なものばかりで、「意外と普通の人だったんだ、いい人だったんだ」というような声がたくさん聞こえてきました。より親近感を持ってもらえる存在になれたみたいなのです。

自分ではまったく想像していなかった反応だったので驚いたけれど、〝奇人変人〟とか〝性欲お化け〟だと思われていたのが、彼と結婚したことで「まともな人」になりました（笑）。

「一緒にいたい＝結婚」じゃない

「結婚」って、おそらく人によってものすごく捉え方が違いますよね。

私の場合、「結婚すること」と「ひとりの人を選ぶこと」はイコールじゃないんです。ちょっとわかりにくいかもしれないけれど、「この人と一緒にいたい」と思える人と一緒に暮らせるのであれば、結婚それ自体は必要ないと言ったらいいのかな。

これまでにも同棲は経験しているし、気持ち的に「もう夫婦だよな」と感じる関係もあったと思います。じゃあ、結婚と何が違うのかといえば、それは単に法的に手続きしたかしなかったかの違いでしかない。

だから、結婚が特別だとも思っていなかったんです。

今のパートナーとは、わりと最初の頃から「きっとずっと一緒にいるだろうな」という思いはありました。でも、結婚のかたちをどうするかについては、ものすごく時間をかけて話し合ったんです。そのせいで喧嘩も何回したことか。

彼はもともと「好きだから結婚したい」というとてもシンプルな思考の持ち主だったので、「女性が結婚したら、どれだけ大変なことが待っているか知ってるの！」と延々と伝えて、ディベート大会になることもしょっちゅうありました。

正直なところ、話し合いはかなり長いあいだ平行線だったんです。


「好きだから結婚したい」という彼と、「好きだったら結婚しなくてもいい」という私のせめぎ合い。周囲から「バービーちゃんなら結婚しなくてもいいんじゃない？」「事実婚してほしい」という声も聞こえていたので、本当に迷いました。

その長い話し合いの過程で、「もしかして選択的夫婦別姓が可能になるか⁉」と期待した時期も一瞬あったんです。ただ、また逆風が吹いて、どうやら法改正はなさそうだ……という地点に来てやっと、法律婚が現実味を帯びてきたというわけなのでした。


そして最後の追い風になったのが、じつは占い。「近々お子さんを授《さず》かるかもしれませんよ」と言われたのが効きました。

もともと「子どもを考えたときには法律婚かな」という合意はあったので、「それなら対外的にも先に発表しなきゃダメだね」と選択を迫られたわけです。結婚の決め手は、占いだったという（笑）。

そのあとも当然ながら、名字をどうするかで揉《も》めました。

もちろん彼も私も譲《ゆず》りたくなかったけれど、最終的には「名字変更にまつわる書類手続きはすべて僕がやる」という彼の言葉に負けて、私が折れました。バービーにそもそも名字はないしね（笑）。

ただ、考えてみると、一般社会により近いところで生きている彼のほうが、名字変更による弊害《へいがい》が大きいということにも気づきました。「女性が生きづらい社会＝男性に有利な社会」という単純な構図じゃないってことに。男性側にも生きづらさがあるんですよね。

そんなわけで、私が法律婚を選択した理由は、実務上の問題を値踏みにかけて秤《はかり》にかけた結果でしかないとも言えます。ロマンチックな要素は、ほぼゼロなんです。

縛られない結婚のかたち

それで、実際に結婚してみてどうなのよ？　って話ですよね（笑）。

まずは真面目な話、対外的に発表したおかげで、第三者に認めてもらえる関係性になれたこと、そして予想に反して多くの人に祝福してもらえたことが本当に嬉しかったですね。結婚の本質は、第三者への公表なんじゃないかと思えたほど。

まさか自分がこんなにハッピーな気持ちになれるなんて、ぜんぜん想像していなかったんです。というのも、私が10代の頃に抱いていた結婚観がとても窮屈なものだったから。

家同士のつながりもそうだけれど、女性への社会的な強制みたいにも感じられて、当事者の個々の感情が無視されているというイメージがありました。

「あれ？　既婚の女性ってどうして自由に外で飲んだりできないの？」

20代で飲み歩いていたとき、こんなふうに思うことがけっこうあったんです。

「旦那のご飯作って出てきたの？」「ご主人に何も言われないの？」という会話を見聞きしたことがあったから。

今の時代にもまだそうなのかはわからないけれど、結婚を理由に自分の行動を制限されるなんて嫌だし、そもそもおかしい。もちろん子どもができたら物理的にそうもいかなくなるだろうけれど、個々人の自由は結婚によって縛られるべきじゃないですよね。

そういう意味でも、今は自分がかつて抱いていた結婚観とはまったく違う、自由な結婚をさせてもらったなという気持ちでいます。事実婚と変わらない結婚とでも言ったらいいのかな。

できるだけフェアな関係で

それと同時に、結婚したことで潜在的な安心感みたいなものも増した気がしています。目には見えないけれど、一緒に生きていく人がいるという感覚は、自分にとって大きいなと。

結婚前、私が大ケガをして手術が必要になった際、彼は同意書にサインできなくて、とてもつらい思いをしたらしいんです。だから「法律婚」という法的に守られ

た関係だということも、彼にとっては重要な要素だったのだと思います。もちろん逆を考えれば、私にとっても大切ですよね。

そして結婚を発表して世間にも夫婦と認められたときに、彼と私の立場の違いもよく見えてきました。私には大きな声で喋《しゃべ》れる媒体がたくさんあるけれど、サラリーマンの彼には何もない。それってフェアじゃないと感じたんです。

だから何かあったときに彼自身も声をあげられるように、バービーの夫としてSNSを始めてもらったり、エッセイの連載なんかもスタートしました。今は彼がそうした場でも評価を得られていて、素直に嬉しいなと思います。

なーんて、のろけの香り満載でごめんなさい！　でもね、法的に守られながらも自由という、いいとこ取りの結婚をさせてもらっているなという自覚はありますね。

ちなみに、夫婦関係においては今のところ私のほうがいわゆる「強者」になりがちなので、男性陣の言い分にも共感できるようになりました。

「飲み会だって仕事なんだから〜」とか、「片づけはあとでまとめてやるから〜」なんかは、もうわかるわかるって感じです（笑）。

バービー
持論

結婚とは、第三者からの
見え方を変える対外的なもの。
結婚は本質ではなく、単なる法律。

友だちって何だろう？

友だち、いたかしらん!?


いきなり本当の話をしちゃうと、私は……あんまり女友だちがいないタイプでしたね（笑）。でも、ぶっちゃけ、いなくても支障はなかったかもしれません。

地元に心許せる友だちは何人かいましたが、東京に出てきて「友だち」と言える人ができたのは、30歳を過ぎた頃。

それまでは人と一緒にいるだけで緊張してしまうから、私にとって一般的な広い意味での「友だち」は、心地よい存在じゃなかったんです。ひとりでご飯や旅に行くほうが、よっぽど気楽だよなって。

誰かと一緒に飲みに行っても緊張しているから、自分だけやけに饒舌《じょうぜつ》になったりして、あとでドッと疲れてしまう。だから、目的なく「お茶しよ〜」みたいなのも、ものすごーく苦手でしたね。目的がないと喋れないから、何を話せばいいのかまったくわからなくて……。

逆に目的が決まっていると、モチベーションが一気に上がるんです。だから合コンを仕切るのは大好き。

あらためて昔を思い起こすほどに、友だちができないタイプだったなあって思います。だって、小学3年生のときの写真を見たら、われながら衝撃ですよ。ひとりだけ男の子みたいなタンクトップを着ていて、しかも乳首が出ちゃいそうなぐらいガバガバなの。そんな子どもだったんです、私（笑）。

両親は昔気質《むかしかたぎ》な人たちだけれど、ちょっと行きすぎな私を、彼らなりに温かく見守ってくれていたんでしょうね。田舎だったせいか、個性がはみ出しちゃっている私を攻撃してくるような人もとくにいなかった。

おかげで無理して周りに合わせなくても、自然体のままそこにいることが許されていたんだと思います。

「ひとりが好き」でもいいんじゃない？

そんな私が「友だち」を意識しはじめたのは、東京に出てきてからですね。

とくに大学時代は何においても「みんなと同じ」が重要な要素のひとつ。人と一緒にいたってちっともリラックスできないくせに、「友だちがほしい」と思っていたのもこの頃です。

それでいて、どうやって友だちになればいいかわからなかったから、自己啓発本を読んだりして。鏡に向かって、笑顔で挨拶をする練習をしたりもしました（笑）。

ただ実際は、「友だちがほしいぞー」と思っている矢先に、「え？　そのスニーカー履くのヤバくない？」といじられたり、お弁当に納豆とパックご飯を持っていけば笑われるし（そりゃそうか）、「やっぱりひとりのほうがラクだな」という気持ちに落ち着く――。

そんな〝友だちほしい波〟が寄せては引いて……を繰り返していた20代でしたね。

芸人の世界だったら、突っ込まれたら突っ込み返して笑い合える場面なのに、女子大生の世界ではそうならないことが多かった。

一方的に自分が刺されて傷つくだけじゃん⁉　当時はそう感じていましたね。

だから20代後半の自分は、「かわいい子はいいよね」とか「なんでテキパキ喋んないの？」みたいなトゲトゲした気持ちを持っていた気がします。

愛想を振りまいて外ヅラは良いけれど、結局、集団には馴染《なじ》めないし合わせられないから、ひとりが好き。心のどこかで、別に友だちがいなくたって自分らしく楽しく生きられるよねと思っていたかもしれません。

歳とともに呪いから自由に！

ところが、年齢を重ねるにつれて変化がありました。自分の周囲に、魅力的だなと思う女性が増えてきたんです。

もしかしたら私自身のキャパがちょっと広がって、誰かを純粋に「魅力的だな」と思える感受性が育ってきたのかもしれません。とにかく「この人とお友だちになりたいな」という気持ちが生まれてきたんですね。

20代の頃に抱いていたトゲトゲした気持ちもいつのまにか消えて、そんなことでいきり立つ自分はおかしいなと思えるようになりました。

そうすると、魅力的な人との出会いも自然に増えるから不思議。もちろん、今はSNSなどを通して志が近い人たちを可視化できるから、気の合う人に出会いやすいという状況も手伝っているとは思います。

そんなわけで、最近になってやっと、地元以外で女友だちができはじめました。それでも会うときは一対一が多いですね。グループはやっぱりまだ苦手です。

そして、これも歳のせいだと思うけれど、「頑張ってる感」とか「がまんしてる感」も年々減ってきた気がします。

なんていうのかな、20代の頃にあった「人にはこういう自分を見せなきゃいけない」みたいな呪縛から解き放たれたぞ、と感じるんです。

ほら、若い頃って、友だち同士でもお互い見栄をはったりがまんしたりすることがあるじゃないですか。そういう感覚が、まるっと消えてなくなったんです。

だから以前よりもずっと気楽だし、女友だちと喋ることで自分のストレスが軽減されているなと感じられるようになりました。

どんな出会いも偶然という必然

あらためて「友だちって何だろう?」って考えてみると、じつは本当に〝たまたま〟出会った人たちなんですよね。私の数少ない地元の友だちにも、偶然出会った。

それなのに、もうただただものすごく気が合ってしまう。

そういう意味では、必然だったのでしょうね。

言葉が少なくてもちゃんと伝わって、一緒に笑い合える。そうした存在は限られ

ているけれど、私にとっては本当に大切な人たちです。

でももちろん、そこまで深入りしない関係性でも、楽しい友だちもいますよね。

互いに刺激を受けながら切磋琢磨《せっさたくま》し合える友だち、酒飲み友だち、グチを言い合って発散する友だち、ソウルメイト的な友だち……。「友だち」にもいろんなパターンがあっていいはずなんです。

そう考えると、友だちって、もしかしたら自分の一方的な思い込みでもいいのかもしれません。

たとえば、バラエティー番組のスタジオの現場って、個人的にやりとりする機会がぜんぜんないんです。休憩中も意外と話をする時間がなくて。それなのに、ふとした瞬間に「この人とは心の距離がなんか近いぞ」と感じちゃうことがあるんです。

そういうことって、ないかな⁉ 私の場合、そんなビビビと感じた相手は、もう即行で「友だち」に昇格です（笑）。

物理的な距離も関係ないし、連絡先を知っているか否《いな》かも問題にならない。自分が「この人好き」と思ったら、もう勝手に友だち。「マブ」と呼びます（笑）。

それでいいんじゃないかと最近思うんです。

バービー持論

友だち＝心の距離が近い人。
勝手に好きになった人。

8

夢って持ったほうがいいの？

妄想でもいいんじゃない!?

夢と言えば、まず妄想ですよね!?　え？　違う？

私の場合、人生つねに妄想オンパレード（笑）。いや、真面目な話、将来設計をちゃんと立てなきゃと思って、先日も試算してみたんです。たとえば、こんな具合に。

老後の資金をこつこつ貯めつつ仮に子どもをひとりもうけた場合、ひと月にどれくらいの不労所得があれば、すべての仕事を辞めて海外に住めるのか――？

これね、意外とやってみる価値があると思っているんです。

数字は苦手だけれど、先のことを妄想しながらお金の計算をするのは大好き。そこから具体的なビジョンが見えてくることもあります。

たとえば「インドネシアの歌姫になりたい計画」も、そのひとつ。もしかしたら冗談だと思われているかもしれないけれど、本気なんです！

妄想の始まりはマレーシアでした。アジア全体の衛星放送の発信基地がマレーシアにあるらしいと聞いて、そこを押さえれば東アジアはもちろん中東までのアジア全域を網羅《もうら》できるんじゃないかと妄想して、マレーシアを制覇したいと考えたんです。

ところが、実際のマレーシアは多民族国家で多様化がとても進んでいて、みんなが同じテレビチャンネルを観たりすることはない。そこで、もともと大好きだったインドネシアへの進出を思いついたというわけです。

日本人を受け入れてくれる国民性で、みんなが同じテレビ番組を観てくれる可能性があるし、物価も安いから家をひとつ買ってそこに暮らせば、生活費もあまりかからずに一生やっていけるんじゃないか⁉

そんな妄想から始まって、ひとりで視察を兼ねて旅行にも行ったし、今ではもう本格的に実現させたい夢のひとつになっています。

ちょっと安易すぎるんじゃない？　と感じる人もいるかもしれないけれど、人からどう思われたっていいんです。アジア圏のエンターテインメントは規模が違うと聞いているので、「絶対うまくいく」という気持ちを強く持って、ハリウッドスターのアジア版になるつもりで計画を進行中。やる気も満々です（笑）。

妄想から始まる夢というのがあったって、全然いいと思うんですよ。

「夢がない」のも長所になる

ここ最近はよく、「やりたいことを仕事にしよう」と言われますよね。
そのせいか、若い人たちのなかには、逆に

「やりたいことがない」「やりたいことがわからない」と悩んでいる人が増えている気がします。

「夢なんてないよ、どうしたらいい？」って。あなたも、もしかしたらそうかもしれませんね。

私も若い頃は、「何者」かになりたくて、でも、何になったらいいかわからずに悩んだ時期がありました。自分が本当にやりたいことは何だろうかとか、自分にはどんな職業が向いているんだろうかと、誰もが悩みますよね。

でも今の私からすると、「夢がない」のは、むしろ「何にでもなれる」という強みにも思えるんです。

選択肢がいくらでもあるということだから。

ただ、シビアな言い方をすれば、現実の社会には、すでに「決められた枠」みたいなものも存在しますよね。夢を持っているからといって、その道に進めるとは限らないし、能力と希望を天秤にかけなくてはならない瞬間が必ずやって来る。

「やりたいこと」がはっきりしていたところで、実現できるかどうかは、どこまでいっても未知数なんですよね。

芸人という職業にも、そういう厳しさがあると思います。

生活がそれなりにできていて、人にも迷惑をかけずに好きなことをやっているのであれば、本人のウェルビーイング的には悪くないかもしれない。けれども将来を考えると、身体を張った仕事ばかりでも苦しくなるだろうし、老い方だって考えなきゃいけない時期がいずれやって来ます。

頑張っている人に対してはもちろん、「やりたいようにやるのがいいよ」と応援するスタンスをとるけれど、じゃあ自分自身に対して同じことが言えるかというと、おそらく無理でしょうね。そういう意味では、妄想は大好きだけれど、わりと現実主義でもあるのかもしれません。

それに、「夢なんて何もない」と言いながら、しっかり仕事をして能力を発揮している人って、じつはたくさんいますよね。私自身は欲求むき出しで、計画性も実務能力もないのに、やりたいことには手も足も出してしまうタイプだから、夢など語らずにきちんと生活している人には、もう尊敬の念しかないんです。本当にすごいと思います。

そういう人たちって、夢は語らなくても仕事で評価されたり、周囲に感謝されたたりする経験を積んで、自分を冷静に客観視できているんだと思います。だから、自分の社会への貢献も感じられているし、同時に他者への感謝もちゃんと知っているんです。

むしろ、「夢持とうぜ！」とか「自分を信じようぜ！」なんて声高《こわだか》に言えちゃう人のほうが、どこかで誰かをないがしろにしてしまっているかもしれない。推進力があるということは弊害もどこかで起こっているはずだから、一長一短かなと。

だから「夢がない」のも、じつは長所なんじゃないかと思うんです。

つまりは何でもあり

あとは、「褒められたい」とか「評価されたい」とか「有名になりたい」とかいう気持ちはあるけれど、それをどんな分野で叶えたいのかがわからなくて悩んでいる場合もありますよね。

私も長らくこの部類で、小さな頃からむちゃむちゃ自己顕示欲が強かったから、ただひたすら「ビッグになるんだ！」と信じていました（笑）。しかしながらその表現方法がわからなくて苦しいの。

そういうときはまず、その自分の欲求を自覚することが大切かもしれません。なぜなら、私もそうだったけれど、自分らしい表現方法って、歳を重ねて人生経験を積んでいくなかでだんだんと見えてくるものだという気がするんです。

子どもの頃に「将来の夢は？」と聞かれたら、職業を答えていましたよね？でも実際に大人になってみると、答えは職業じゃなくてもぜんぜん問題ないんだと思えるようになってくる。

その種類もレイヤーもさまざまだから、仕事をイメージする人もいれば、暮らしやライフスタイルをイメージする人もいるし、夢なんて求めずに着々と自分の人生を歩んでいる人もいる。

あるいは、誰かの夢を応援したり支えたりするのが好きで得意だという人もいますよね。そういう人がいないと、夢追い人は成立しない。

だから夢がない人は、堂々と夢がないことを謳歌《おうか》すればいい。

「夢」と言われると、つい大げさに捉えがちだけれど、自分のなかに湧いてくる小さな欲求や願望だって立派な夢だし、それを「夢」と呼ぶか否かも、その人の自由。

突拍子《とっぴょうし》がなくても許されちゃうのが夢だし、夢なんかに縛られないほうがよっぽど自分らしく生きられる、という場合だってあるかもしれない。

そう考えると夢って——つまりは何でもありだし、なくてもいい。そんなふうに思えてくるんです。

バービー
持論

夢＝「ない」ことも長所になる。
何でもあり。

9

老後の不安ってどうしたら消えるの？

正直、不安しかない

正直なところ、不安を解消するのはなかなか難しい……というのが日本の現状だと思います。

２０２４年の１月から資産所得倍増プランもはじまります。ＮＩＳＡの限度額が変わったりして、貯蓄型から投資型へ切り替えましょうということだから、つまりは、「もう年金をあてにするな」と言われているようなものですよね。

私自身は、自分で資産形成してくれという意味だと受けとめています。

老後の２０００万円問題は誰にとっても頭が痛いけれど、政府はもう「老後は自己責任ですよ」と言っているに等しいですよね。

あまり考えたくないけれど、今後ますます国防が気になる時代に突入しそうだし……私もむちゃむちゃ老後の不安、ありますね。

ひとつの案として、外貨を持っておくのはアリかもしれません。私自身は3年ほど前からインドの株式市場にコミットしはじめました。最初はみんな笑っていたけれど、今ではそれほど悪くありません。

56ページでもお話ししたけれど、こういう資産運用ができるのも貯蓄があってこそ。食費1万円で過ごしていた下積み時代でも、貯蓄魔をやめなかった自分は偉かったぞと、自画自賛しています（笑）。

でも、現実には貯金に回すほど余裕のない人も多いだろうし、その状態で不安を拭《ぬぐ》うのは本当に難しい。とにかく資産形成の知識を深めて、自分で運用してなんとかするしかないなと。

元芸人の友人のなかには、ずっとアルバイト暮らしで身寄りもなく、社会保険も払っていない……というような人が何人かいて、本当にどうしたらいいんだろうって、私が勝手に心配しているほどです。

不安はちっともなくならない。あって当たり前ですよね。このご時世。

日本人が出稼ぎに行く時代!?

仮に、私が今の仕事をしていなかったら、おそらく日本にはいないでしょうね。インドとかインドネシアとか、自分の好きな国で暮らしているかもしれないです。

あるいは、もし私がまだ20代でアルバイトしている立場だったら、オーストラリアなどのドルの国へ行って稼いで、それを軍資金にして資産運用するのもいいなと思います。語学ができれば、日本での付加価値も高まるはずですしね。

ひと昔前の日本は、アジアの人たちが出稼ぎに来るような国だったけれど、今はもう日本人が出稼ぎに行く時代なのかもしれないと思います。

残念ながら、日本は今、経済的にも人材的にも貧しい国になりつつある。そこは知っておく必要があるのかもしれません。

行動をおこさなきゃどうにもならないのはわかっているけれど、何でも「自己責任」に落とし込まれてしまうご時世だから、勇気とか自信とか、やる気とかモチベーションを持ち合わせてないと、一歩踏み出すのも難しい世の中ですよね。

そもそも個人が頑張れば解決できる問題でもなくて、社会システムの問題を個人に背負わされている気がして、本当に苦しくなります。

メンタル的にフィジカル的に頑張れない人だっているのに、セーフティーネットも貧弱で機能していない。いったいどうすればみんながハッピーに安心して暮らせるようになるのだろうかと、いつもモヤモヤ考えています。

今すぐできることは、助け合える人間関係を作っておくこと。それから、身体の健康と気持ちのモチベーションだけは、自分でできるだけ頑張って保っておくこと。

まずは、できるところからやるしかないと思っています。

無知をさらして聞きまくる

よくね、資産形成の勉強をどうやってしたんですか？　という質問をいただくんです。だけれど、とくに勉強はしていません。とにかく知識のある人に聞きまくるんです（笑）。

私の場合は、たとえばＮＩＳＡの手続きで銀行へ行って、そこで面談してくれる担当者さんに、何でもかんでも聞いちゃう。これでもかというぐらいの無知ぶりを発揮しているわけだけれど、全然恥ずかしくなんてないですよ。

だって自分の大切な資本だもの、しっかり理解して運用したいじゃないですか。はじめた当初は「円安って何ですか？　インフレって何ですか？」というレベルでした（笑）。

気が合う担当者さんだったら、こまめに行って話を聞いたりもするし、ウェブサイトやＬＩＮＥなどにも銀行専門の窓口があるので、そういう機能を使って気軽にいろいろ聞きまくっています。積極的な担当者さんは、今の世界情勢的にはこういう流れですよと、具体的に役立つ情報も教えてくれるんです。

私の仕事はもともと年金があてにならないので、個人年金として資金運用をスタートしたのは28歳の頃。早い段階からいろんな金融商品を試してきたけれど、今は投資信託に落ち着いています。

芸人さんって、どちらかというと「一獲千金《いっかくせんきん》」みたいな夢を抱いている人が多くて、ギャンブル好きとも言うのかな。一種の美学ですね。だから儲け話もけっこう回ってくるし、仮想通貨なども大好きなんだけれど、情報は鵜呑《うの》みにしないほうがいいですね（笑）。

私は芸人業界では少数派かもしれないけれど、断然コツコツ運用して増やす派。NISAについても賛否両論あるけれど、最低限できるのがNISAかなと思っています。でも、それでも老後の費用には足りない可能性はありますよね。

いちばん希望が持てるのはベーシックインカム。ただ実現はなかなか厳しそうだ

し、いざとなったら生活保護を利用すればいいと言う人もいるけれど、そんなに簡単にアプローチできない現状もありますよね。

本来は社会全体の問題であって個人の問題ではないはずなのに、個々人で解決しなきゃいけないプレッシャーにさらされているから、すごく苦しいんだと思います。

地に足のついた暮らしは強い

あるとき、夫がぼそっと言ったんです。「持ち家さえあれば、どうにかなるのかなあ」と。それで考えてみると、都会よりも地方で家を持ったほうが、より有用なんじゃないかと思えてきました。

穏やかな暮らしという側面も魅力的だけれど、そういう目的ではなく、危機管理として持っておきたいというのが今の私の考え。

日本は世界のなかでも食料自給率が低い国だけれど、東京などの都心にいると、何かあったとき、よけいに供給の脆《もろ》さを感じます。

たとえば電気が止まったり、流通がストップしたときのことを考えると、地方で生きているほうが強いんじゃないかと思うからです。

ちょっと大げさかもしれないけれど、わりと本気で考えています。

インターネットの世界でも、ユーチューバーになるのが夢だという子たちがたくさんいた時代はあっという間に過去になってしまいましたよね。再生数一回あたりに対する単価も下がったし、チャンネル数も多くなりすぎたせいで、食べていける職業とは言えなくなってきた。

一方で、地に足のついた暮らしはやっぱり強いなと思います。自分で作物を育てて収穫して食べる。そういう暮らしがいちばん強いんじゃないかって。

一時期は、北海道の地元の町おこし（＝都市部へのＰＲ）をして活性化させたいと思っていたのですが、そもそも「町おこし」という発想自体が間違っていたということに気づいて、最近は反省しているんです。

農作物をアピールするＥＣサイトなんかを立ち上げたんだけれど、地元の農家さんたちが望んでいるのは、地産地消なんですよね。

外部からの力も経済の介入も望んでいない。ある程度の規模があればＪＡにさばいてもらえるので経済的に困ることはないし、じゃあ本当に食べてもらいたい人は誰かといえば、ご近所さんなんです。

自分たちの作ったものを、ただ隣の人に食べてもらいたい。地元の人たちはそういう思いで農業をやっているのだと、やっと気づきました。

だから彼らの暮らしのなかでは物々交換が主流で、「大根たくさん採れたから、持ってきなー」「じゃあ、うちのジャガイモ持ってってよー」というのが日常。

私は東京の価値観を持ち込もうとしちゃったけれど、そんな上から目線の町おこしは必要なかったわけなのです。

物々交換って、自然発生する助け合いじゃないですか。じつは最先端の発想なのかもしれないですよね。

父がDIYする古民家

6年前に私が買った地元北海道の古民家は、もともと幼なじみ家族が住んでいた家でした。町おこしの起点となる場所が欲しくて、理想的な古民家として思い浮かんだのがその家でした。

広い土地なのに誰の目にもつかなくて、玉ネギ畑に囲まれた佇《たたず》まいは本当に壮観。昔、幼なじみのお母さんにそこで摘み取ったハーブで淹《い》れたハーブティを飲ませてもらって、「なんておしゃれなんだ!」と感動したこともよく覚えています。

友だちのお父さんはかつて陶芸家で、ろくろを使わせてくれたこともありました。憧《あこが》れの家だったんです。

それで思いきって10年ぶりに電話してみたら、「じつは売り手もつかないし、処分に困っていたんだ」という話だったので、買うことに。タイミングもニーズもぴったりでした。

譲り受けてみたらゴミ屋敷で(笑)、購入手続きもわりと大変だったのだけれど、それでも私にとっては、とても価値ある場所なんです。

定年を迎えて燃えつき症候群で飲んだくれていた父親にDIYを頼んだら、のめり込んでしまって、もう7年目。自分の家以上に、雪かきや草刈りなど精を出しています。

ただ、やっぱり冬は極寒だし、壊して新築にしちゃおうかと考えたりもするのだけれど、今のところは父が泣いちゃうので、まだリノベーションを続けています。

こう語ってみて思うのは、〝地元がある〟というのは、ラッキーだし恵まれていますよね。どうにかなったら北海道に行けばいい。どこかでそう思っているのかもしれないな。

高めておくべきはサバイバル能力

それでいて、環境がどう変わっても生きていけるという謎の自信もあるんです（笑）。清潔にこだわりはないし、拾い食いもできるし、生きていく上のスキルはあるはず。

とはいえ、大変なことに直面したときはパニクって、抗《あらが》って墓穴を掘って、とことん落ち込んでドツボにハマるんです。そして落ちついたら冷静になって、書き出したり計画を立てたりして気持ちが上がってくる。思えば私の人生、この繰り返しだな（笑）。

行動って、必ずと言っていいほど失敗のあとにやってくるんですよね。つまりは、行動も起こすけれど、失敗もめちゃめちゃしているということですね（！）。でも、成功例をひとつ教えてもらうよりも、自分で失敗したほうが何個も同時に学べている気がしませんか？

仕事を失ったらどうしようとか、後ろから襲われたらとか、全財産なくしたら……とか、ときどき過酷な状況を想像してみることもあるけれど、結局何とかなるさーと思うことも大切ですよね。

そういうタフさは、野性味たっぷりの環境で育ったおかげなのかもしれません。目の前の肉が腐っているのか食べられるのか、その判断がちゃんとできる人間に育ててもらってありがたいなと（笑）。

自然のことを知っている人って、たくましいですよね。3年前に北海道で大きな地震があったとき、私は東京で心配していたけれど、停電になった一晩をバーベキューしたり星を眺めたりして楽しんだというツイートがたくさん流れてきて、自然と対峙する環境に生きている人は本当にすごいなと感じました。

そう考えると、生き延びるための力量は、柔軟性や適応力にかかっているのかもしれません。そのサバイバル能力を鍛《きた》えておけば、老後だってなんとかなるんじゃないか——そう思いたいところですね。

バービー持論

サバイバル能力を高めておけばなんとかなる（はず）。

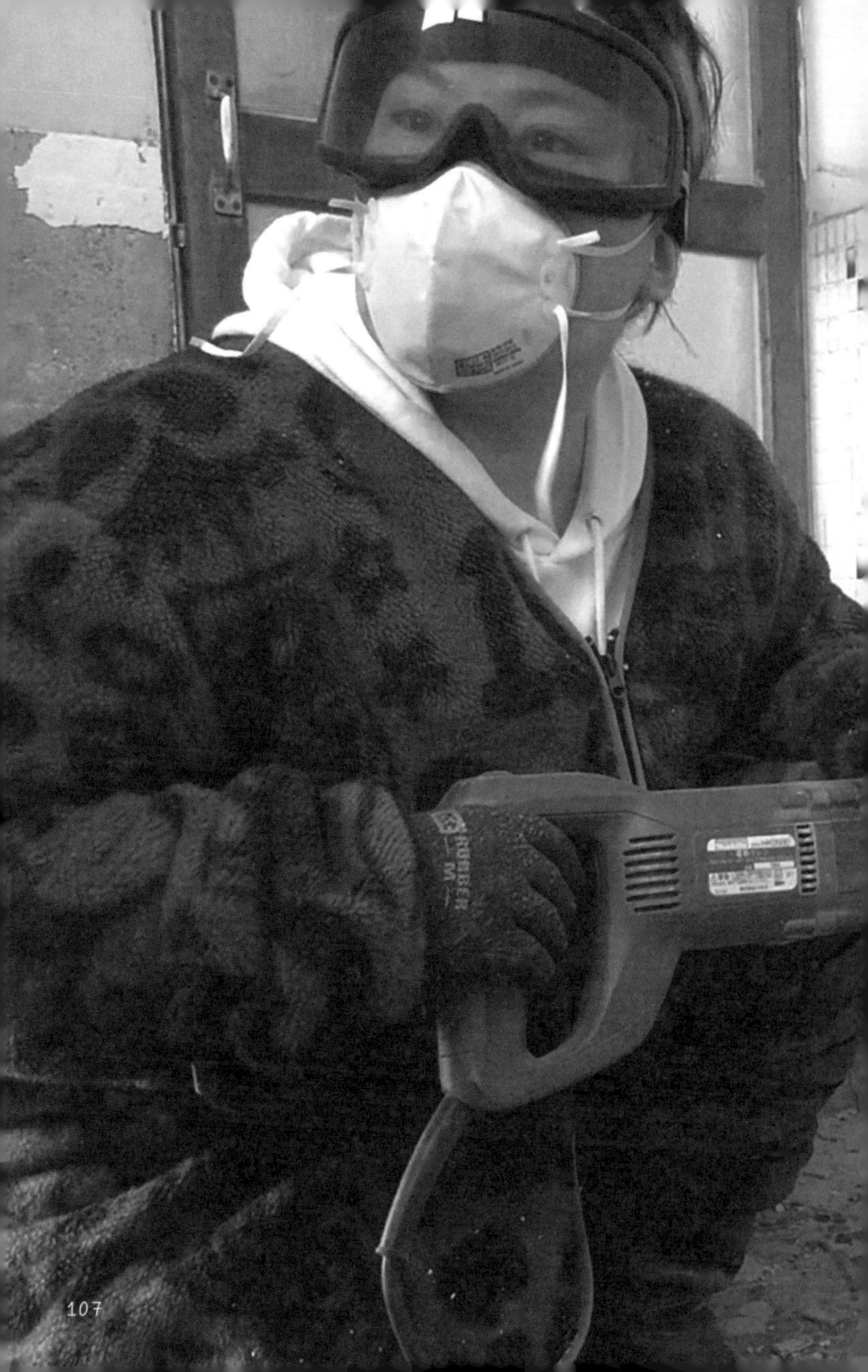
RUBBER

10

好きな人、パートナーと長く関係を続けるには？

長続きしないとダメなの？

長い関係って、どのくらいをイメージしますか？　恋愛ホルモンが出るのは、だいたい3年がマックスだったような気がするけれど、これって短いのかな？　長いのかな？　あなたはどう？

確かに「結婚」は長く続けたほうがいいかもしれないけれど、「終わり」は予期せずやって来るものだから、自分ではコントロールできないものなのかもしれません。

過去の私は、「この人と一緒にいたら、自分はもう成長できないんじゃないか」という疑惑にも似た感覚がむくむくと湧いてきたら危険信号。

自分がそんなことを言えた立場じゃないのはわかっているけれど、それでも向上心が良心を突き破って、「よりよい自分になるために」と思ってしまう傾向が強かった気がします。

それから、相手のイヤな面が見えたときに自分がどう感じるかも、その相手との関係を続けたいか否かの判断基準になりますよね。

「もっと続けたい」と思っているなら、「あなたのそういう部分は嫌いだ」と相手に正直に伝えるけれど、びっくりするほどショックだったら、サーッと冷めちゃって相手への興味自体が消えてしまうことだってあると思う。

そうなったら、もう関係を続ける気にはなれないから、続ける努力もしないでしょうね。ちょっと冷たすぎるのかな？　でも、しかたないと思わない？

「胃袋はつかまない」がルール

以前の私は、〝おつきあいする男性には料理を振る舞わないルール〟を自分に課していたんです。世に言う「まず相手の胃袋をつかめ」とは、まったく逆の発想ですね。

だって、作ってもらうのが当たり前と思ってほしくないし、料理を作るのが女性の役割だと勘違いされるのも困る。だから関係性を築くまでは料理は作らない。それが私のルールでした。

ちなみに今のパートナーにも、彼のために料理を作って〝あげる〟ことはあまりありません。私の食事は、体調管理を目的とした作り置きがメインで、自宅で料理をするときはほとんど「自分のため」なんです。

と言っても、もちろん彼にお裾分けすることもあるし、一緒に料理することもしょっちゅうです。

私の場合、関係を長続きさせるために欠かせないポイントは、自分のナチュラルな状態を相手に見せられるかどうかも大きい気がします。なーんて言うとちょっと

カッコいいけれど、つまりは部屋が汚くても許容してもらえるか……ですね（笑）。
　掃除は嫌いじゃないけれど完璧にできるタイプではないので、清潔の価値観が同じじゃないと、きっと厳しいでしょうね。家の中と外の自分に落差がない状態で関係を続けられるかどうか。そこが重要だと思います。
　今のパートナーとは、もう5年。一緒に成長できるという意味では文句なしの相手だと思っています。「家庭のルール」みたいなものもまったくなくて、お財布も別々だし、食事もそれぞれのタイミングで食べることが多い。私の仕事柄しかたがないのだけれど、彼もそれをがまんとは感じずにいてくれるのがありがたいなと。

とはいえ、彼のほうはおそらくとても努力してくれていて、いつでも私の意志がいちばん尊重されるようなアウトプットを考えてくれているなと感じます。何かしらの答えを求めて話すときも、私の意図が損《そこ》なわれないように言葉を選んで話してくれる。「ああ、気づかいなんだな～」と受けとっています。

私からお願いしたわけじゃないけれど、彼がそのルールを勝手に守ってくれているからこそ、うまく回っているのかなって。

自分に素直になれてる？

私たち夫婦って、じつは自分たちの関係について相談できる相手がお互い誰もいないんです。仕事柄、彼も私もオープンに話せる人がいないのです。

でも、そこが逆に救いになっている気もします。喧嘩をしても何をしても、結局は本人同士で解決するしか選択肢がないから、どうしたって向き合わざるをえない。

大喧嘩して、ふたりして家出したこともありましたけれど（笑）、いつだってふたりで話し合うしか解決策がないんです。

相手への要求を言語化することも大切だけれど、自分ががまんしていないか、ちゃんと自分の感情に素直になれているかを確認することも、とても大切な気がします。

どんなに信頼し合えていても、どちらかががまんしすぎるとつらくなってしまう。だから早めに察知して、早めに伝える。それを心がけていますね。

ただ、何がイヤなのかわからずにモヤモヤすることもありますよね。「あれがイヤだったんだ」と気づくまでに時間がかかって、伝えるのが遅れてしまう。そのあいだに小さな火種が肥大化しちゃうこともある。そこが人間関係の難しいところですよね。

そういう意味では、「謝る」という行為にも同じ難しさがあるかもしれません。何か小さなことで喧嘩して「自分が悪いな」と思ったら、なるべくすぐに謝る。それだけで不穏《ふおん》な空気がやわらいで、互いに気持ちが解放されるとわかっているのに、なかなかできない——というのが私。

謝ればスッキリするのに、謝るポイントが自覚できるまで謝れないという、やっかいな性格なんです。傷つけたことは謝るけれど、自分の主張は間違っていないから変えられないぞってね。まだまだ未熟者です（笑）。

「全部やってあげちゃう病」になる前に

インスタやＴｗｉｔｔｅｒなどで旦那さんへの悪口を見かけること、わりとよくありますよね。家事は妻任せで何もしない、ゴミ出しもしてくれない。それは確かにひどい！

確かに、今でこそ「男性も家事をしよう、育児をしよう」と叫ばれる社会だけれど、昔は誰もそんなことを言っていなかったし、女性がやらなきゃいけない風潮がありましたよね。

だからもしかしたらあなたも、全部やっていたかもしれない。

でも、もう「やってほしい」と本人に伝えてもいいんだよね。今の時代、世間はみんなあなたの味方！　それでも変わらなかったら、伝え方を変えてみるのもいいかもね。人って、きちんと伝えてあげないと、やっぱりわからないことのほうが多いと思うんです。

たとえば、「ペットボトルのラベルをはがして、ゴミ出ししてね。新しいゴミ袋をセットするところまでがゴミ出しよ」というように、ビジネスライクにお願いすると伝わりやすいかも。

あとね、「最初は喜んで全部やってあげちゃってたんじゃない？」という疑問も浮かんじゃう。つきあいたてや新婚の頃は、「好き」のフィルターがかかっているから何でもやってあげちゃいがちですよね。

それでいて、途中で急に「やってくれない！」と爆発して100％相手のせいにしちゃうのは、ちょっとフェアじゃない気もするんです。

だから、毎日の夕飯づくりにしろ、シャツのアイロンがけにしろ、「それを一生続けられるか」という視点を持つことも大切だと思うんです。ずっとは無理だなと思うのなら、最初からシェアしたほうがきっとうまくいく。

そう考えると、関係を長く続けるためには、自分で自分のキャパをしっかり知っておくことが大事なのかもしれませんね。

自分には何ができて何ができないか、何をやりたくて何をやりたくないか、どんな関係になりたいか、先を見通して布石《ふせき》を打っておくことも大切なのかも。後悔したくないものね！

バービー
持論

関係性の継続に必要なこと＝
自分のことは自分で。
言いたいことは先に言っておく。

11

セックスって大事なの？

だんだん減退していく!?

ちまたでは、女性は35歳から性欲が減退してくるなんて言われているようだけれど、本当かな？　でも、スタート地点がいつだったかにもよるよね（笑）。

セックスって、言うまでもないかもしれないけれど、本当に人それぞれ。だから「こうあるべき」という固定概念にとらわれる必要はまったくないと思っています。

私の場合、若かりし頃を思い出すと、社会的に認められていない寂しさとか焦《あせ》りとか、何者にもなれていない空しさとか、そういうものをセックスで埋めていたような気がします。

セックスを求めるタイプをものすごくざっくり分類すると、シンプルに性欲を満たしたい能動的なビッチタイプと、心の隙間を埋めるのが目的の「おさせ」（＝受け身で、誰にでも股を開いちゃう系）タイプに分けられるのかもしれない。とはいえ、当時の私にはその区別がつかなかったなと思う。

そして若いときはおさせだったけれど、歳を重ねていくにつれてビッチになっていく。私自身はそんな過程を辿《たど》っています。

人としての経験値も高まって自信がついてきて、社会的なキャリアも積んでくると、単純に心の隙間を埋める必要がなくなる。だからセックスも、そんなにする必要がなくなっちゃうんですよね。

相手に媚《こ》びる必要もないし、「自分のタイミングでやればいいや」と思えてしまうから、回数自体が減っていくのかなと思います。

もしかして、この現象を「性欲の減退」と呼ぶのか（笑）。

かつては４年周期だった

若い頃は、年上の男性にも興味があったのだけれど、35歳を過ぎた頃から年下のほうが魅力的に見えてきました。昔ながらのジェンダーバイアスにとらわれていない人に惹《ひ》かれたからかもしれません。

というのも、私にとってそれまでのセックスは、女性としての自尊心を保つための発散で、昔は4年に一度やりまくる時期がやって来るというサイクルがあったんですね。彼氏と別れたとか、仕事で行き詰まったとか、何かしらガクンと落ち込むタイミングがだいたい4年周期でやってきていたわけです（笑）。

そのたびに心の隙間を埋めまくっていたということになるけれど、後悔はないし、今思えば私なりのストレス発散法だったのかもしれません。

だから、心の隙間を埋めるためにセックスしたって、自分をコントロールできていれば、全然問題ないと思っています。

ただ、夫と出会ってからは、女性として大切にしてもらっている安心感が生まれたせいか、それまでのサイクルがなくなって、発散したい欲求もきれいさっぱり消えちゃった。

だからセックスは、もっぱらリフレッシュ目的と、ホルモンから来る自然な性欲から派生するものになった気がします。だいぶ、落ち着いちゃったのよね（笑）。

妊活はなるべく明るく楽しく

じゃあ、妊活が加わってくると、セックスの性質も変わるのか？　気になりますよね。妊活って楽しめたらいいけれど、苦しくなっちゃうっていう人も決して少なくないと聞いています。

そうは言いつつ、私たちの場合はかなり楽しくやっていました。

セックス後に逆さ釣りにされたり、ベッドの上でジャイアントスイングされたりと、これで妊娠の確率が上がるわけないだろうということも、笑いながらやっていました（笑）。

排卵期や妊娠しやすいタイミングなどはアプリで共有できるから、お互いにすぐわかるんです。私はイラッとすることもあったけれど、彼の明るい性格のおかげで、オイスターバー巡りをしてみたり（カキには卵胞刺激ホルモンや黄体ホルモンの働きを高めて着床しやすくしてくれる効果があるそう）、ぶんぶん回されてみたりして、楽しめていたと思う。

ふだんからできるだけスキンシップは滞《とどこお》らないようにしていて、たとえ気分が乗らなくてもスルーしないようにとか、喧嘩したらハグして仲直りしようとか、なんとなくお約束になっているものもあります。

でも、彼と何をしているときがいちばん楽しいかを考えると、会話がちゃんと成り立っているときなんですね。ふたりで膝を突き合わせて喋ってみると、こんなことを思っていたのかという発見が毎回ある。だから忙しくても、そういう時間をきちんと設けて大切にしたいなと。

そう考えると、妊活はやっぱり相手との関係性が充実していないと続けられないですね。どちらか一方ががまんするのではなく、お互いにちゃんと本音を吐き出して話し合えるか。そこを忘れないでおきたいですね。

優先順位は高くない

結婚前と結婚後で何かセックスが変わったか？　と聞かれたら……とくに変わっていません。相手に隠すことは何もないから、サクッとでもできるし、楽しむこともできる。ただ、どんどん開き直っているのは確かかも。

彼のほうは、最中に笑わせようとすることが増えてきた気がするけれど、セックス中はお笑いナシでいきたいタイプなんです、私（笑）。もちろん夫婦だからふざけたっていいだろうけれど、マンネリ化を防ぐための努力なのかな。

でも正直なところ、今セックスの優先順位はそんなに高くありません。もちろんセックスレスにはなりたくないけれど、生活の一部になったせいか、年々、優先順位は低くなっている気がします。

セックスって、個人差もあるけれど、年齢によって変わるものだと思うんです。若いときは、男だからリードしなきゃとか、女だからこう反応しなきゃとか、そういうプレッシャーにとらわれがちだけれど、歳を重ねるごとに、だんだん自由になっていく。

「男だから〜」とか「女だから〜」とか、イッたかイッてないかとかいう感覚は、セックスのとき、私にとってはものすごく邪魔なんですよね。

私自身は、身体的には女性だけれど、セックスの最中は女でも男でもなくて、単なる「わたし」なんです。そんな自分をさらけ出せる相手とすることがいいよなと、今は思っています。

だから挿入が絶対なわけでもないし、達しなくても全然いい。抱き合うだけでもいいし、ただ隣にいて手を握っているだけでもいい。

歳をとっても、そういうスキンシップができる関係性でありたいなと思います。

重要なのは、自分がどうしたいか

インスタのDMには「処女なんですけど、どうしたらいいですか？」という相談もわりといただきます。私は突っ走ってきちゃったから完全に共感することはできないけれど、大切なのはどこまで行っても、あなたがどうしたいか、なんだと思っています。

サクッと処女を卒業したっていいと思うし、大切にとっておいても大丈夫。

いつ初体験するか、どんなセックスをしたいかも本当に人それぞれだから、固定概念にとらわれる必要はまったくない。

もちろん、受け身である必要もなくて、性に対しては主体的であるべきと思っています。「女性は清純でないといけない」なんてイメージに、とらわれなくっていいんじゃない⁉

自分のことだもの。誰にでも自分で決める権利がある。

だから性欲を解消するセックスでもよし、心の隙間を埋めるセックスでもよし、選ぶのはあなたなんです。そして自分で選んだからには、感染症対策や避妊もしっかりね。
私の場合は、最中に性別を超えられるセックス。それが喜び（！）。

バービー
持論

セックスするしないも、
どんなセックスするかも、すべてあなた次第。

12

大人になってからの勉強って必要なの？

「自分のせいじゃない」ことに気づける

正直、「ああ、勉強しておけばよかった〜」と思う毎日です（笑）。

それでも、これまで学んできた点と点がうっすらつながってきて、おかげで視野も広がりつつあって、今、勉強の楽しさや面白さがより深まってきたタイミングかなと思います。

レギュラー出演させていただいている生放送『ひるおび！』も、最初はとても不安でプレッシャーを感じていたんです。でも実際は、本当に学びが大きい。

あの週1回の2時間のおかげで、それまでわからなかった社会の仕組みや世界の状況が文字通りわかるようになって、自分で抱えていたモヤモヤや疑問が、だいぶ腑に落ちるようになってきました。

ラジオ番組も予習が必要で、いろんなことを詰め込んだけれど、学べば学ぶほど、視界がクリアになっていくような気がします。

政治経済をはじめ、ジェンダーや社会保障などさまざま社会課題、気候変動とかSDGsとか、自分には関係なさそうなことも、じつはすべてつながっているんだなあと。

あなたももしかしたら、「自分には能力もないし自信もないし……」と悩んでいるかもしれないけれど、じつは個人の問題じゃない可能性が高い。
お金がないのにも、育休がとりにくいのにも、おひとりさまが流行《はや》るのにも、すべて個人を超えた理由がある。究極的には資本主義の問題とも言えちゃうのかもしれないけれど……とにかく政治のせいだったり、社会のせいだったり、時代のせい

だったりするんですよね。

私はたまたま仕事で学べる環境にあったおかげで、その事実に気づくことができました。もちろん、もっと昔から知っておけたらよかったかもしれないけれど、今このタイミングできちんと知ることができてよかった。

知らなかったら、ただ気づかずに搾取《さくしゅ》されている存在だったかもしれない。

だから、自分で選択したわけじゃなくても自動的に組み込まれている社会システムや、個人ではどうにもできない政治経済のからくりとか、そういうものについては、知っておいたほうが絶対いいと思うんです。

何でも聞きまくるのが◎

テレビ番組でもラジオでも前日にテーマを教えていただけるので、予習しなきゃと思ってひたすらツイートを検索するんです。たくさんヒットするわけですが、読んでみても何を喋っているのかさっぱりわからない（笑）。

そこで今度は、わからない単語をすべて検索する。それをやって、やっとほんの少し意味がわかってくる。そんなことをやっていました。

実際、番組中に自分で何を言っているかわからなくなって、密かにパニクったことも多々あります（笑）。スタート地点は、「すっとんきょうなことだけは言わないようにしよう」というレベルでした。

そこからだんだん、自分の考えや疑問などが芽生えてきて、質問できるようになってきたんだと思います。

ラジオもすごく重い問題を扱っていたので、その時期ばかりはたくさん本を読みました。分厚い土偶《どぐう》の本とか……処理しきれなくて脳みそがパンクしていましたね（笑）。

今は、テレビでもラジオでも、賢い共演者の方たちに全部教えてもらっています。学ぶには素晴らしい環境がここ数年で揃っていて、私自身は39歳にもなってまるで文化人みたいな仕事をすることもあるけれど、じつのところは、身近な賢者たちに聞きまくっているだけなのです。

「知らない」ことは恥じゃない。だけれど「知りたい」と思う気持ちは大切にして損はないと思う。

私はもう、アホみたいなことでも全部質問しちゃいます。そのほうがより多くの人の疑問に響くだろうし、私自身の学びにもなるから。

知ったかぶりは損するだけだと思います！

世界の本質を知りたい

「勉強」と言っても、記憶する系とか思考する系とか、創造する系とか、いろいろな種類がありますよね。私の場合は、固有名詞がてんで覚えられない脳みそなので、記憶系は得意じゃない。だけれど、そのとき「どう思考したか」みたいなことは覚えているんです。

大学時代はインド哲学科で東洋思想を専攻していたので、仏教哲学やバッガドギーダー、ヨガの座学、サンスクリット語も勉強したはずだけれど、全然覚えていない（爆）。

でも、そこで学んだことは何かしら私の糧《かて》になっていて、考え方や価値観にも影響を与えているのだと思います。

東洋思想を学ぼうと思ったのは、高校生のときに、ユングが『チベットの死者の書』に傾倒したことがあると知ってロマンを感じたから。

もともとユングが好きで、「元型」とか「集合的無意識」とか、人間は文化圏や環境にとらわれず本質的に同じものをもっている、という概念に惹かれるんです。

私たちの無意識の深いところには、国や民族を超えて人類全体に共通して存在する何かがあって、だからこそ他者と対話できるという考え方には、やっぱり今でも魅了されます。

私はスピリチュアルが大好きなんですが、いわゆる「アカシックレコード」とユングの「集合的無意識」と仏教哲学の「阿頼耶識《あらやしき》」が近いと感じる部分にグッと来るんです。とくに、背景が違っても人の本質を問うてたどり着いた先が同じって感じがするから。

たぶん本質を抽出する作業が好きなんでしょうね。それが、私の知識を得たい欲のモチベーションでもあるかもしれません。

この世の仕組みはどうなっているんだろう？

人間っていったい何なの？

なんていう、わりと壮大な問いが頭のなかにいつもあるような気がします。

昔アルバイトしていたスナックの大ママが、「人生、今がいちばん楽しい。何でも勉強できるから」と言っていたんです。

とってもファンキーなおばあちゃんだったけれど、きっと若い頃は苦労ばかりで勉強している暇なんてなかったのかもしれない。それを聞いて私も「こんな大人になりたい」と思いましたね。知識欲って、やっぱりいちばん人間らしい欲求だと思うから。

怒りの矛先、間違ってない？

スマホで何でも検索できてしまう時代だから、勉強って、じつは日々しているよねと思います。「勉強」と聞くと、ついかしこまって活字を読まなきゃいけないイメージがあるけれど、ツイート眺めたり検索してみるだけでも、ちゃんと勉強になっていますよね。

じゃあ何を勉強するかは、本当に何でもいいと思うけれど、おすすめなのは、自分の怒りの原因を考えてみることかもしれません。

私がジェンダーの問題に関心を持ったのも、じつは「怒り」が発端なんです。自分のなかにあるこの怒りはいったい何なのかというところを掘り下げていくと、社会の問題じゃん！　ということに気づいた。そしてそういう社会を作っているのは基本、「政治」だよねと。

だから政治にも興味が湧くようになりました。どんな人に投票すれば、この怒りの原因が消えて、社会が変わっていく可能性があるかな？　そういう基準で人選して、投票するようになりました。

怒りの矛先《ほこさき》って、身近な人に向かったり、あるいはいけ好かない他者に向かいがちだけれど、それって、本当にそうなのかな？

正しく知って、正しく発信活動ができれば、町行く人を刺したりする事件も減ってくれるのではないかと思ったりもするんです。

もし、今あなたが怒っているなら、その原因を探ってみようよ。きっと、社会や政治の問題に行き着くはず。すると、自分が何をしたくて、何を望んでいて、どんなふうに生きたいかが、見えてくるのではないかと思うんです。

バービー
持論

学びのファーストステップは、怒りの矛先を探ってみること。

13

後悔しない人生を送るには？

後悔しないわけはない

やっぱり、人生に後悔はつきものですよね。私もしょっちゅう「もっと勉強して、いろんな知識を深めておけばよかった〜」と思います。

昔から向上心は高かったけれど、「やらなきゃ」と思いつつやれなかったことが、今になってちゃんと結果として表れている気がするんです。あ、あのときやらなかったから、こうなってるんだぞって（笑）。

だから「あそこで頑張っていれば……」と思うシチュエーションはたくさんありますね。

そういう後悔はたんまりあって、お仕事の現場で迷惑をかけてしまうこともあるし、それはよくないよなと思う反面、じつはちょっとした開き直りもあるんです。

こんなに何でも検索できる時代に、知識って必要なのかな⁉　と思ってしまうこともあって。

もちろん、知識を持っているがゆえに得られる結果も確実にあるはずだけれど、知識だけあればいいというわけじゃないですよね。

たとえば、私は今、文化人みたいなお仕事をさせていただくことがあるのですが、それは別に私に特別な知識があるからではなくて、人とは違う視点を持っていたり行動力があったりするからだ、という気がしています。

知識はあるにこしたことはないけれど、それを編纂《へんさん》する能力がないと、身になる知識とは言えないのかもしれませんよね。そういう意味で、開き直っている（笑）。

とはいえ、できるだけ現在進行形で補っていけるようにもしています。

昔はぜんぜん勉強に集中できなかったけれど、前よりも知識に触れる楽しみを知ったし、自分から学びたいと思うことも増えました。

昔の自分を考えると信じられないけれど、年齢を重ねるってすごいことですね！

学びへのモチベーションが、自分のなかに自然に湧き起こるようになったんです。

しかーし、昔の記憶力があれば一瞬にして覚えられたはずが、今は倍かかってしまう。だからやっぱり、「あのとき、やっておけばよかった」という後悔はなくならないんです（笑）。

後世の子たちには、「後回しにするクセをつけないように」と教えてあげたいですね。やるべきことが見えていたのに、やらなかった。それは、ほぼ確実に後悔になるから、今やっちゃおうよ！　って。

クヨクヨは日常茶飯事

なんて言いながらも、私自身は、日常の小さな場面では、わりとしっかり後悔しちゃうタイプなんです。

夜寝る前に「なんであんなことをしちゃったんだ！」とか「もっとマシな言い方があったはずなのに……」という後悔が襲ってきて、究極的に恥ずかしくなって「ああ～」と大きな声を出したりしています。毎晩のように（笑）。

こんな自分をなんとかしなきゃと思いつつ、日々忙しさに埋もれている……のが現実です。

ただ、向き合えるタイミングが持てたときは、自分の何がダメだったかをノートに書き出してみて、克服するためのプログラムを考えたりもするんです。いろいろやりちらかして「クヨクヨしちゃう」のも、もう本当によくわかりますね。

ただ、仕事では「失敗したな」と思っていても、発信を通して多くの人からリアクションをもらえます。そのおかげで、結果的に「良かったよ」と言ってもらえることも少なくないから、だいぶ救われているかもしれません。それでも、スタッフさんとのやりとりとか、自分の言動とか、後悔することはいっぱいありますね。

かといって振り返ってばかりもいられないから、それはそれとして置いておいて、最終的には自分で受けとめるしかないよな、と思っています。

だって、人に慰《なぐさ》めてもらってばかりいても、よけいに恥ずかしくなったり、自分がダメな人間に思えたりして、逆に後悔のループにハマッちゃうじゃないですか。

自分で解決しない限り、後悔はエンドレスに続いちゃう。だから、ネガティブ思考には、自分で「えいっ」とストップをかけるしかないんですよね。

じゃあ、どうやって後悔の連鎖《れんさ》を止めるかというと、私の場合は、本当はクヨクヨしていても、周囲の人に対してはあえて「気にしてないよ」という素振りをします。

単純だけれど、けっこう効果があるんです。周りの人と普通に会話しているうちに、「あ～なんか私、意外と大丈夫じゃん」と思えてくるから。

それに、クヨクヨしていたら、気の遣い合いになって、ぎこちない空気が伝染しちゃうことって多いですよね。それも嫌だから、やっぱり平気なふりをするのがいちばんいいと思っています。まあ、なかなか難しいときもあるんですけれど。

開き直ってもいいんじゃない⁉

後悔しない人生を送るためにはどうしたらいいか。

かなりの難題ではあるけれど、私の場合、この質問に対する答えは決まっています。

その答えとは、「やりたいことを全部やる」こと。

もちろん日々小さな後悔はいっぱいあるわけだけれど、基本やりたいことをやる。傍《はた》から見たら、「この人、何がしたいんだ⁉」と謎に思われているかもしれないけれど、結果的に手が出ちゃったものは、やっぱり自分のやりたかったことなんだろうなと思うんです。

それでも、頭に浮かぶ「やりたいこと」のうち、実際に行動できていることは3分の1ぐらい。まあ、身体はひとつだからしかたないですよね（笑）。

それで何を目指しているのかといえば、結局は、人間の欲求を5段階で表したマズローのピラミッドのいちばん上——自己実現とか自己超越とかを延々と追っかけているんだと思います。

最終的には何かしらの仕事に結びつくのかもしれないけれど、とにかく、自分の中に湧き上がる「やってみたい」欲求を満たしたい。

自分の欲求をどんどん叶えたその先に、いったい何が待っているんでしょうね。それはまだわからないけれど、とにかくやりたいことは全部やってみるに限ります。

ほんとにいろいろやりたいことはたくさんあるけれど、ひとつ、ずっと変わらない夢は……小説家になることなんです！　まだ何にも書いていないけれど（爆）。

昔からずっと小説を書いてみたいと思っているけれど、思いが強い分、失敗するのもすごく怖い。そんなプライドが邪魔してまだ実行に移せていません。いつかきっと時が満ちるはず（笑）。

それにしても、最近は本当に開き直りがすごいんです。

後悔しない人なんていないだろうし、後悔が生み出している何かも絶対あるはずだという気がしてしまう。どんな出来事や経験にも必ず一長一短があるものだし、時間が経てば、もはや後悔じゃなくなる可能性も大。後悔に対する受けとめ方も、だいぶ柔軟になってきたなと。

人ってたぶん、執着するほど後悔しちゃうと思うんです。だから最近は確実に、「まいっか」が増えてますね（笑）。こうした開き直りも、自分を無駄に追いつめないためには大切な気がします。

バービー
持論

後悔＝後回しにしたり、
執着したりするほど増えるもの。

14

人生のパートナーはヒトじゃなくてもいい？

世界ががらっと変わってしまった

この質問は、即答できちゃうかもしれません。はい。いいと思います！

私のSNSを見てくれていたらもうご存じだと思うけれど、犬を飼いはじめたんです。それからというもの、文字通り世界が変わりました。がらっと。

とにかく存在自体が愛《いと》おしくてかわいい。ワンコのおかげで、そういう感情を生まれてはじめて体得してしまったのです。

もちろん今まで友だちが大切とか、恋愛感情とかはあったけれど、ただただすべてを捧《ささ》げたいと思う気持ち。そうか、これが愛情ってやつなのか！と（笑）。

そしてその感情を知ったら、見える世界が一変しました。

お母さんからあかちゃんに注がれる愛はもちろんのこと、出会う人ひとりひとりがみんなこういう奇跡を重ねて来ていて、行き交う人それぞれのなかに、誰かの誰かに対する愛とか思いやりみたいな感情が含まれているんだ——そう思うともう、ただ生きているだけで感動できてしまう。

一度この感覚を知ると、生きているもの全部が愛おしくなるみたいなんですね。すべてが生命の奇跡に思えてきて、見える世界が本当に変わりました。日常的にある優しさや思いやりなんかが、そこかしこに感じられる。まさに、生きとし生けるものすべてが奇跡！　みたいな感覚です。

たとえば、すごく心配性の人っているじゃないですか。かつての私は、そういう人の気持ちにあまり共感できなかった。

「あ、危ない！」とか「大丈夫かな？」とか、子どもに対してもそうだけれど、人に対して過保護になりすぎる気持ちを理解できなくて、「どうしてそんなに心配するの？　自由にやらせておけば大丈夫なんじゃない？」といつも思っていたんです。

それがどっこい、今ではよく理解できる。おかげで、人のこともっと大切にしたいなという気持ちが湧いてきました。

私は子どももいないし、自分が100%お世話をしなきゃいけない存在を知らなかったという理由もあるかもしれないけれど、人が誰かを慈《いつく》しんだり思いやったり心配したりする気持ちを、犬と暮らすことではじめて知ることができたんです。世界はこんなにも愛と奇跡に満ちていたのかって、毎日感動しています（笑）。

きっかけはつーたん。でも……

飼いはじめたきっかけは、夫がずっと飼いたがっていたから。当初、私はそこまで乗り気じゃなかったんです。

というのも、私は不規則な生活をしているし、いのちあるものを飼うのは難しいだろうと思っていたので、ちょっと怖くて保留にしていたんですね。

でも飼うならこんな犬がいいねという話

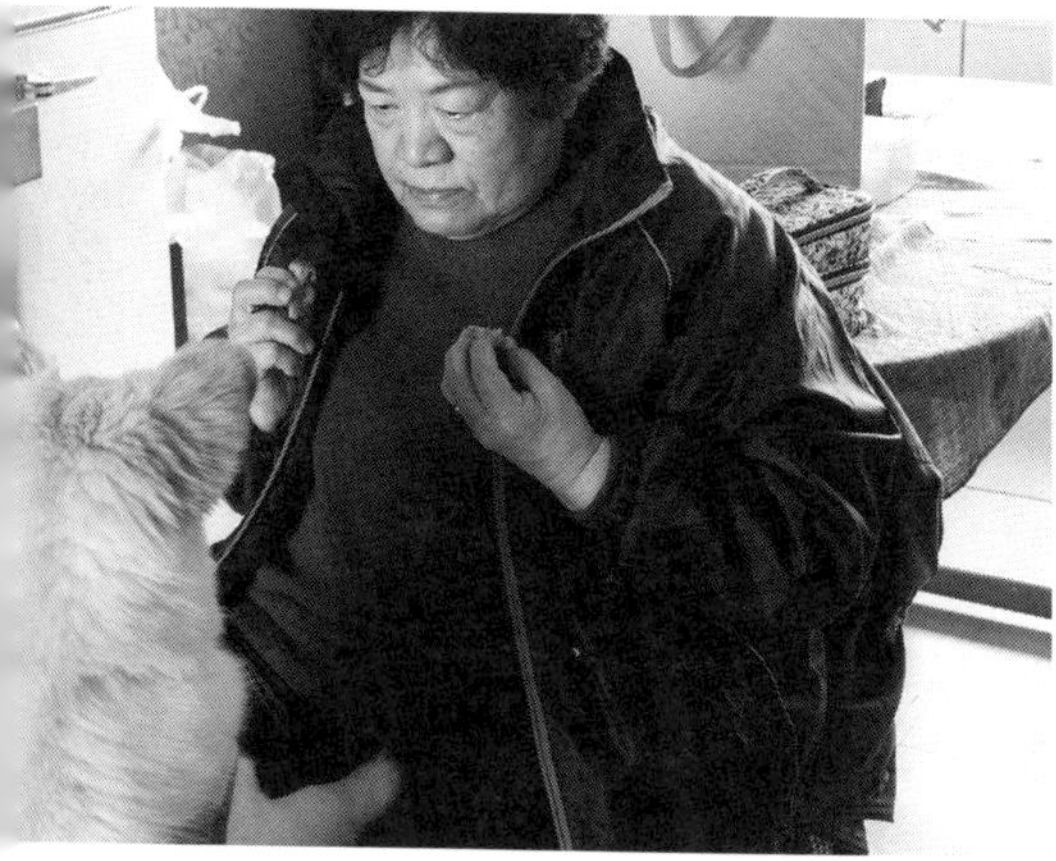

をしているさなかに、フォローしていた保護犬施設のインスタで出会ってしまったんです！

もともとサモエドなどの大きな犬が大好きな私。そして夫はとにかくプードルが好き。見つけたのは、サモエドの子孫にあたるポメラニアンとプードルのミックス。サイズが大きすぎるという理由で、ペットショップに行かなかった子でした。

それまで飼うつもりで下見したこともないし、どちらかというと猫のほうが好きだったくらいなのに、実際に会ったら、もう一瞬で撃たれてしまいましたね。

事前に考えていた条件とはいろいろ違ったけれど、一緒に暮らし出したらかわいくて愛おしくてたまりません。

人間のパートナー以上の関係性になりつつあるので、夫は逆にちょっとがっかり

しているほど。犬も私になついてくれているから、愛情がつい分散されてしまって、彼は焼きもちをやいているみたい（笑）。

ただ彼としては、「ひとりと一匹を手のひらで転がしているつもり」だと言っていました。

予想外の産物がいっぱい

実際の暮らし方もそうとう変わりました。私のデフォルトではワンメーターでもタクシーに乗りたいほど、歩くのが嫌い。携帯の歩数計を見ると1日500歩なんてざら。

だから、犬を飼うかを考えはじめたときにまず懸念されたのが散歩。だって、おまえ（自分）散歩なんて無理でしょうと。その点については、夫も深くうなずいていました。

ひとりの時間も大切にしたいから、家にいるときに吠えられたらすごくストレスになるんじゃないかとか、お世話でイライラするんじゃないかとか、そもそもかわいいと思い続けることができるのか……などなど、本当にあれこれ心配していたんです。

ところがですよ。今はなんと毎朝早起きして散歩に行っています。早朝の空気ってめっちゃ気持ちいいんですね（笑）。ワンコのおかげで、本当の贅沢を知ったわけなのです。

最近はほかの動物のことも気になりはじめました。人間が頂点に配置されている生物生態系の循環のことなんかも、もっと勉強したい気持ちになっています。だから、お肉は大好きなんだけれど、じゃっかん食べにくくなってきました（まあ、食べてますけどね 笑）。

犬との暮らしのおかげで、かなり健康的になったし、夜は家で過ごしたいから出歩かなくなったし、お酒もあんまり飲まなくなった。

それでいて、こんなにも心が満たされて、生きとし生けるものに感謝できるマインドを得られるなんて、最高としか言いようがないですね。

求めていたわけじゃないけれど、予想外の産物がたくさん手に入ったのです。

動物は食うか駆逐するか⁉

私が生まれ育った北海道の田舎には、生きものがたくさんいました。母方が畜産業だったり、野生動物が近くにたくさんいたり、生活環境のなかに動物はつねにいたんですね。

ただ、そこには動物と人間との境界線がはっきりあって、動物とは「害獣」か、畜産などの生活の糧であり、人間がコントロールしなきゃいけないイメージでした。

そういう環境において、動物はあくまでも動物。愛《め》でる相手じゃないんです。ものすごく古い家に住んでいたので、冬はもちろん極寒。朝は家のなかが凍っているほどで、石炭ストーブが炊き上がる30分のあいだに親たちは雪かきをするという過酷さ。

夏にはぼっとん便所にクワガタがいたり、ネズミがしょっちゅう風呂場で石鹸を食べていたり……。あるとき、お風呂場から脱走して茶の間に逃げ込んで、よぼよぼのおばあちゃんの肩にとまっているネズミを発見して、みんなで大爆笑したこと

もありました（笑）。

それで、そのネズミを最終的にどうするかといえば、自分たちで駆除するんです。たとえば、「鹿の飛び出し注意」の看板を見て、都会の人は「轢《ひ》かれちゃうの可哀想」って思うのかもしれない。でも実際は、車が破損したり、乗っている人がケガをしてしまったり、人間にも大変な危害が起こることが多いんです。

だから人間にとっても、生きるか死ぬかの問題なんですよね。

そういう弱肉強食の環境が当たり前で育ったから、動物は家畜、もしくは駆除して食べるものという存在であって、〝動物らしく〟生きることがいいはずだと、ずっと信じていたんです。

だからもちろん、犬を家のなかで飼う感覚もなかったし、ペットホテルやトリミングや犬の保育園なんて別世界――と思っていたけれど、今は全部使っています（笑）。

動物と人間は、会話できないから意志疎通もできないし、宇宙人と人間ほどの

隔たりがあると思ってきたけれど、こんなにもコミュニケーションできる存在だったなんて！

どうしたらワンコが嬉しくて喜ぶかや、眠いとか疲れているとか、そういう感覚がわかって本当に愛おしいんです。

今までの私は、いったいどこへ行ったのやら。

もしかしてヒトを超えている⁉

そんなわけで、婚活している男友だちには、保護犬を引き取って飼ってほしいなと本気で勧めています。

毎朝お散歩をしていて思うのは、ミドルエイジを越えた男性陣が、犬の前ではでれっとするということ。スーツを着たおじさんなんかが、私の犬を見て「かわいいっ」て言うんです。おじさんが「かわいい」って言うのをはじめて見ました。

縦社会を身にしみて知っているおじさんたちは、人間相手には出せない感情を犬になら表現できちゃうのかもしれない、と分析してみたりしています。だって不思議なくらい、おじさんたちが話しかけてくれるんです。

人間には「かわいいね」なんて言ったらパワハラかセクハラになっちゃうけれど、犬になら素直に「かわいいね」を言える。そんな感じなのかなあ。

人も動物も、結局のところ出会いはご縁なのだと思います。自分がビビと来たら、大切にしたらいい。推《お》し活の「推し」でもいいと思う。

ときどき冗談抜きで、この存在は人間を超えているかもしれないと思うんです。通じ合えている感がものすごくある。

人間同士では埋められない心の隙間を癒やしてくれる存在であることは間違いないし、相棒みたいな最高な存在にもなるはずだって。

私の場合は、たまたま犬だったけれど、価値観が変わるほどの出会いというのは、誰にだってあるのだと思います。そして、その相手がヒトである必要はとくにない。

といっても、人としかできないコミュニケーションもあるはずだから、いろんな人間関係も大切にしておくのは基本。

愛おしいというひとつの感情から、生きとし生けるものすべてへの感謝につながって、人間とのつながりもよりよいものになるかもしれないしね。
人にも優しくなれて、愛おしさの連鎖がはじまる。
ワンコは私に、そんな愛の気持ちを教えてくれたんです。

バービー持論

愛おしさを知って感謝できるなら、相手は人間じゃなくてもいいのかも。

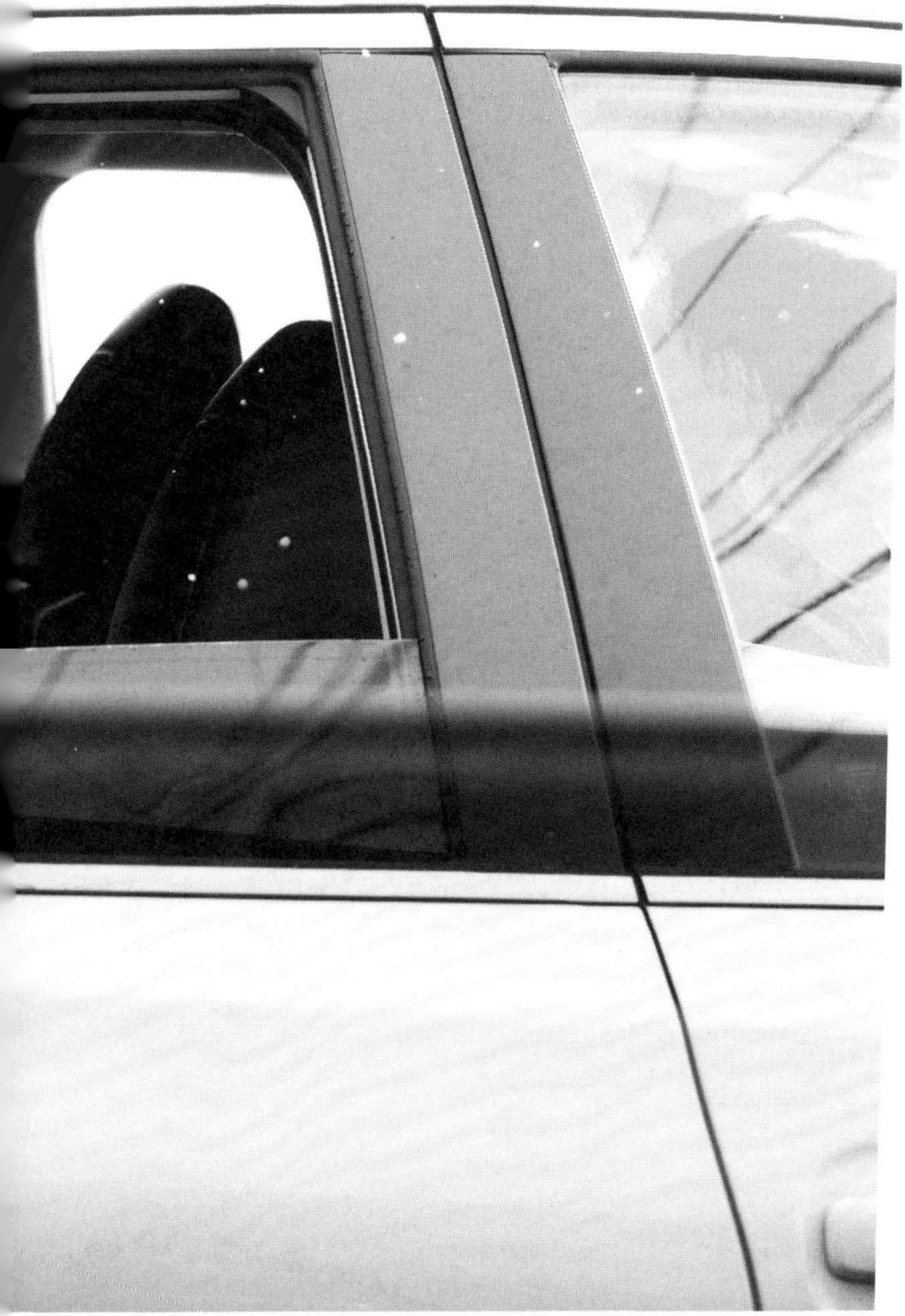

15

家族って何だろう？

家族観をアップデートしたい

先日、内閣府が発表している「少子化対策の現状」というデータを見たんです。そのなかに「若者が結婚しない理由」についてのデータもあって、25〜34歳の未婚者に独身でいる理由をたずねると、こんな回答があがっていました。

第1位は男女ともに「適当な相手にめぐりあわない」。

男性の回答の第2位は「まだ必要性を感じない」「結婚資金が足りない」。

女性の回答の第2位は「自由さや気楽さを失いたくない」「まだ必要性を感じない」。

あなたはこの回答をどう思う？　私としては、けっこう衝撃的でした。と同時に、何だか悲しい気持ちにもなりました。だって、ものすごく旧来の結婚観や家族観にとらわれた理由だなと感じてしまったから。

もちろん結婚願望がなくたって問題ないし、結婚するしないは個々人の自由。結婚に夢がないというのもわかります。

だけれど、結婚観とか家族観そのものは、もう少しアップデートしてもいいんじゃないかな、という気がしてしまうのです。

たとえば、お金がないと結婚できないというのは本当かな？

新居も結婚式も必要なければ、ふたりで生計を立てたほうがラクになる可能性だって充分あるはずですよね。家事や育児だって分担すればいいし、介護は家族だけでやらなきゃいけないものじゃない。

「結婚＝縛り」というイメージから、そろそろ脱却してもいい気がするのです。結婚してもお互いを尊重し合って自由でいることは、できるんじゃないかな。

私自身はわりと自由な家庭で育ったけれど、それでも「家事・育児・介護は女の仕事」的な旧来の家族観を感じさせる部分は少なくありませんでした。「なんか違う」と思っていても、それを当たり前の家族の価値観や文化として、けっこう強い濃度で受け継がせようという強制力が、どこかで働いているんですよね。

今の若い世代を見ていると、少子化という理由もあるのか、より一層そういう強制力にさらされているような印象もあります。

子どもの頃、家族は大好きだったけれど、「家族だから」といろいろなことが黙認されている側面がとてもイヤだった。何かこう、自分では逃れられない鎖みたいに感じられてしまって……。

そこへの反発心もあって、より〝個〟でいたいという気持ちが強く育ったのだと思います。

適度な距離感が大切

　とくに私が実家で過ごした時期は、祖父母の介護があったり、母も更年期の真っ最中だったりといろんなことが重なっていて、わりと大変な思春期だったんじゃないかと、われながら思います。子どもって、他になかなか逃げ場がないですしね。

「家族の問題は家族が責任を負うべき」という考えの人もいるけれど、そんなふうに家族だけに問題を押しつけるのは、もう限界だと思います。明治時代だったら、確かに一家の大黒柱がすべての責任をとらなきゃいけなかっただろうけれど……。

　でも、こうした考え方って、なかなかアップデートされないんですよね。

　先日も、婦人科に行ってちょっとがっかりしました。受付の人も医師も、夫のことを、まだ「ご主人」と表現するんです。

　こういう場所でこそ「パートナー」と認識してほしいのに……すごく残念！　と思ってしまうのは私だけなのかな⁉

　もちろん、ただの呼び方だから無自覚な人もいるだろうし、意識的に「主人」と呼びたい人もいるかもしれません。

ただ、いろんな価値観があるのだから、古い価値観を強要しないでほしいし、〝考え方の違い〟を否定したり攻撃したりしないでほしい、というのが本音かな。

こちらも否定したり、強要したりしないから、安心してねって。

家制度のもとに家族が集《つど》っているという旧来の感覚のままだと、「家族だから」という理由で、いつか誰かをないがしろにしてしまう瞬間が来てしまう。

たとえば、「長女なんだから、おまえがやれ」とか「親なんだから、責任をとるのが当たり前だろう」とか、乱暴なことが簡単に言えてしまって、個々へのリスペクトが即座に欠落してしまうんです。

どんな関係性においても、個人の意志が尊重されないまま何かを強制されるのは、やっぱりおかしいですよね。だから家族であっても、お互いの意志をちゃんと尊重し合える距離感をとっておくほうが、より健全だと思います。

距離が近すぎると、共倒れになってしまいがちだから。

そして互いが適度な距離感を保つためには、各々の個がしっかり確立している必要があるんだと思います。

だから、たとえば自分の親に、あらかじめ老後は施設に入るかどうか相談しておいて、プランを立てておくのも立派な愛情だと私は思います。

とまあ、いろいろ熱く語りましたが、私の意見だって、数多《あまた》ある価値観のひとつ。「そうは思わない!」という人も、もちろんいると思います。

さまざまな家族観や結婚観があるのは当たり前で、大切なのは、それぞれが願う「家族のかたち」や「結婚のかたち」を選択できる社会である、ということだと思うんです。残念ながら今の日本は、まだそこからはかけ離れているのかもしれないな……。

誰も犠牲にならない「家族」がいい

私が幼少期を過ごした家は、寒いときには室内でもマイナス10度。母が毎朝いちばんに起きて石炭に火を灯《とも》す。温まったところに私たちが起きてきて、いつもどおり用意された朝ご飯を食べる。

母は祖父母の介護もして、近所のじじばばのお世話もして、パートに畑仕事。私たち家族の生活は、確実に母の犠牲のもとに成り立っていたなと、今になって思います。

犠牲になっている人が「つらいよ」と言えない状況はおかしいけれど、それが当たり前という時代もあったから、困っていることに無自覚な人もいるかもしれません。

だからこそ、社会全体でみんなが自然にフォローし合える体制を作れたらいいなと思ってしまうんですよね。

公的に負担してもらえる部分がもっと増えて、家族という小さな単位のなかだけに厄介《やっかい》事を押し込めずに、外に出したり共有したりできるようになったら、犠牲になる人も減るんじゃないかなと。

実家が大家族だったということもあって、私自身は人と暮らすことがぜんぜん苦にならないタイプ。上京してからも、誰かと同居していた時期と、ひとり暮らしの割合が半々くらいでした。

結婚はしなくてもいいけれど、パートナーであれ友だちであれ、誰かと住もうとはずっと思っていたんです。夫婦でなくても、血が繋《つな》がっていなくても、一緒に住めばもう家族。そんな感覚が、私の家族像かもしれません。

その代わり、互いに個々を尊重し合って依存しすぎず、ひとりの時間もスペースもちゃんと確保する。誰かと一緒に住んでいることは心地よいけれど、それでも、ひとりになれる時間やパーソナルスペースはしっかりほしい。

このバランスが必要だし、大切だなと思っています。

「家族だから」という理由で、誰かが犠牲になったりしない――。そんな関係性を目指したいですね。そして、周囲がもっと気兼ねなく干渉できる社会になったら、本当に最高だと思う。

もしかしたら私、おせっかいおばちゃんになりたいのかもしれないですね(笑)。

バービー持論

家族＝一緒に住んでいる人のこと。誰も犠牲にならない関係性。

16

結局、「幸せ」って何？

悲しいことから視点をずらす

ここ最近は、悲しいニュースやつらい事件を目にすることが多いから、私も何となく落ち込みやすい気がします。そういうときって、悪いことばかりに目がいきますよね。

〝悲しいことフィルター〟がかかったみたいに負の情報に照準が合って、どんどん吸い込まれてしまうんです。悲しんでいる人に共鳴したり、追体験してしまったりして。それでいて、落ちていくときの気持ちよさみたいな謎の快感もある。

心の作用として、きっと誰にでもあり得ることだし、それが癖になって悲しさから抜け出せないこともあるかもしれません。

そんなとき私は、〝視点をずらす力〟が大切だと思っているんです。

このまえもどうしても仕事に行きたくなくてTwitterを眺めていたら、誰かのこんなツイートが目に入ってきました。

「仕事だと思うとつらいから、週4でお店の様子を見に行っているだけの人だと思おう」というツイートです。

それで私も、「自分は何にも縛られていない『ただの人』。自由の身だって思おう！」と考えたら、気持ちがとても軽くなりました。

番組の収録も仕事だと思わずに、「本物の芸能人に会えちゃうんだぞ！」みたいな気持ちで行くと、だいぶ違うんです。リラックスして楽しめて、まるで贅沢なスタジオ見学（笑）。

インタビューを受ける場でも、つい「何か面白いことを喋らなきゃ」と意気込んで、テンパりそうになることもけっこうあるんです。

でも、そこでちょっと視点をずらして「みんな真面目な顔して自分に注目してるぞ！　なんかウケる！」なんて具合に自分を俯瞰《ふかん》することができると、緊張が解けて自分に突っ込みを入れられるようになっちゃう。

一歩、俯瞰する側に視点をずらせるだけで気がラクになるし、自分の置かれた現実を面白がれるようになれるんです。

そんなわけで、このツイートには大感謝。「自由の身なんだから、いつ何したっていいじゃん」「今日元気に生きられてラッキー」。

そんなふうに思えたら、簡単に視点を転換できますよね。悲しみとか空《むな》しさとか焦りとか、いろんな負の気持ちから抜け出すための大事なスキルを教えてもらったなと思います。

人の言うことは流していい

そうは言いつつ、私自身は自他ともに認める自己啓発好き。だから「こうしたほうがいい」とか「こうすべき」とか、わりと「must」や「to do」っぽい情報にも、けっこうとらわれがちなんです。

でも、そこばかり意識すると、どうしても責任やプレッシャーでガチガチになってしまう。結果的にパフォーマンスも上がらないし、おかげで気分もさらに降下しちゃうことになる。

だから、なんかダメだと思ったら、いったんそういう情報をぜんぶ放棄するんです。

つまりは、人の言うことなんて聞かなくていいんです！　これまでさんざん偉そうに自分の意見を連ねてきたのに何言ってるの⁉だよね。

でもね、結局のところ、人から何を言われようが視点を変えられるのは自分だけ。だから、私の言うことなんて聞かなくていいのよ（笑）。もちろん、何か役に立っていたらとても嬉しいけれど。

ただ、さっきのツイートみたいに、誰かのふとしたひと言で一瞬にして救われちゃうこともあるわけで……つまりは受けとるのも流すのも、本当に自分次第だってことなんです。

魚が泳ぐのを見たり、海を眺めたり、ただ空をぼんやり見上げるだけで、視界が開けることだってありますよね。

視点の引き出しを増やしておく

今の私は、パートナーと一緒にいることでの幸せを享受《きょうじゅ》しているなと、思います。

けれども、もし自分らしく自立できていなかったら、同じようには感じられなかったかもしれない……とも思うんです。20代の未熟な自分だったら、無理だったろうなって。

幸せな気持ちを共有するには、自分が自立している必要があるのかもしれません。幸せって、相手に求めて与えてもらうものじゃないんですよね。

私の場合、社会的に「誰かの役に立っている」と実感できたときにも幸せを感じるけれど、シンプルにいちばん幸せなのは、どこも痛くなくて、何も不調がないときかな（笑）。

身体が健康なときって、「はあ、幸せ〜」って思える瞬間が増えるから、心も勝手に元気になって自然に幸せ感度が高まる。きっと、みんな働きすぎですよね。疲れがない状態で楽しく過ごして合間にちょこっと仕事するぐらいが、本来はちょうどいいのかもしれない。幸せって、考えて定義することじゃなくて、もっと直感的なことなんでしょうね。

そういう意味では、「幸せになるにはこれが必要」みたいな概念も、できるだけ捨てたほうがいいかもしれません。「○○が手に入ったら幸せ」とか、逆に「××がないと幸せじゃない」とか、そういうのってだいたいウソ（笑）。

だから「結婚＝幸せ」でもない。

かたちある幸せは、幻想でしかない——とも言えるのかな。何かに固執するほど、視界が狭まって苦しくなっちゃうから、「どんな自分でもＯＫ！　あるがままの自分で幸せ〜」という境地に至る道を探りたいですね。

そのためにも、視点の引き出しをたくさん持っていたいなと思うんです。

道端の花を見てキレイだなと思える視点、アートを見て感動できる視点、音楽を聞いて最高だぜーと思える視点、友だちと一緒にいて心から楽しめる視点、あるいは徹底して無責任になれる視点とかね。

引き出しはあればあるほど、幸せ感度も高まる気がします。

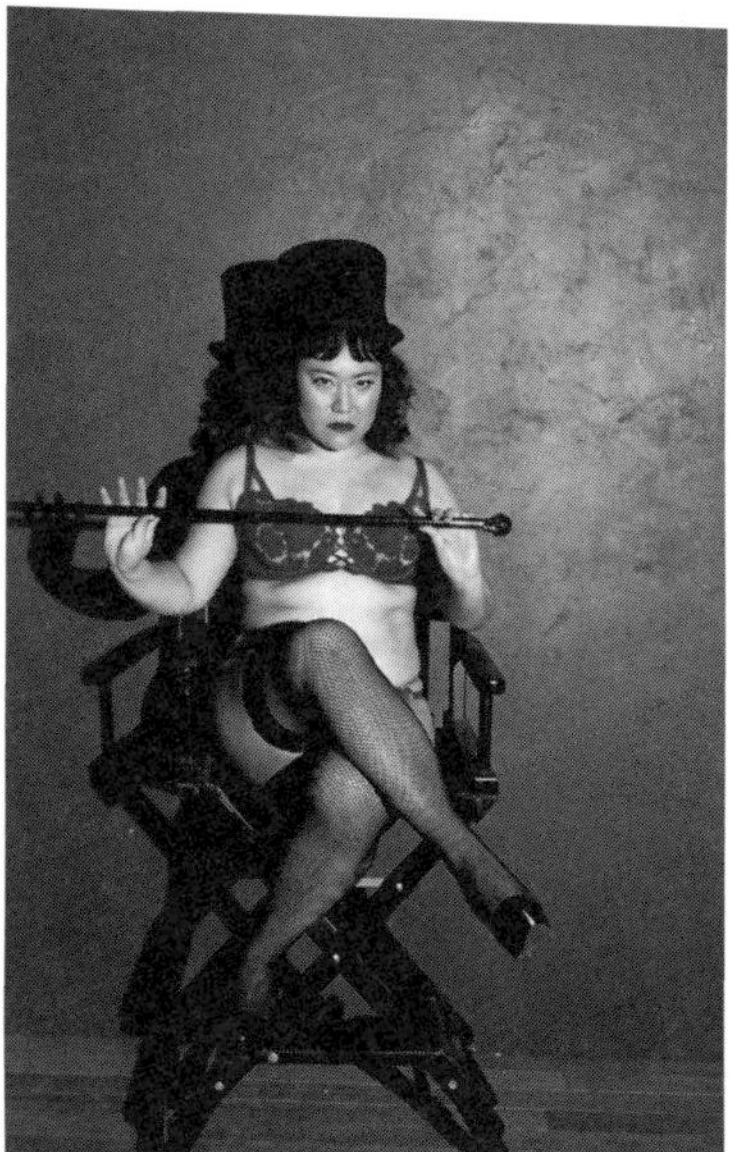

人生は基本ラクじゃない!?

脳科学者さんによると、「脳が幸せを感じるのは、感謝しているとき」なんですって。私、オーディオ瞑想《めいそう》も好きで、寝る前にときどきやるんです。「今日よかった出来事を思い出してみましょう〜♪」「感謝したことをあなたの心のトランクに詰め込んでいきましょう〜♪」みたいな音声にしたがって自分で自分に感謝していくと、すーっとよい睡眠に入れてしまうの（笑）。頭がごちゃごちゃしているとき、本当に効くんですよ。

仏教の「人生とは苦である」という発想で考えると、そもそも人生は苦しいものだから、生きづらさを感じちゃうのが普通なのかもしれない。

だったらベースラインを下げて、とにかく無理せず頑張りすぎないのも、幸せを感じるひとつの方法かもしれませんよね。

あとは、人との比較をしないこと。

あえて「幸せかどうか」を確かめなくても、日々自分なりに暮らして「ありがたいな〜」と感謝できれば、それでいいんじゃないかって、ふと思うことがあるんです。欲張らずに、今ある自分に感謝して生きられたら、それがつまりは幸せってことなんじゃないかなって。

ただね、ある人に「死ぬとき、どんな葬式にしたいかをイメージして芸能生活を決めれば」と言われたことがあったんです。絢爛豪華《けんらんごうか》にしたいのか、密葬にしたいのか、それとも笑ってくれる人たちに看取られたいのか——。

究極的には、自分の死に方をイメージできると、自分の生き方や自分にとっての幸せも見えてくるのかもしれないですよね。

人と自分は違うのだから、自分の心地よさを追求すればいい。

今はそんなふうに思っています。

バービー持論

幸せ＝求めるものではなく、感じるもの。

エピローグ

epilogue

最後まで読んでいただき、ありがとうございます（本当にありがとう〜泣）。

人生って、なかなか思うとおりにならないものですよね。

今の時代、ＳＮＳのおかげで情報量はつねに膨大だし、つい他人と比較して焦ったり落ち込んだりが当たり前の世の中になっちゃった気がします。

私にももちろんアップダウンがあって、いつも「自分らしく自分軸で〜」なんてカッコよくいられるわけじゃありません。

でも、そんなときはお釈迦様の「一切《いっさい》皆苦《かいく》」という言葉を思い出すんです。

〝世の中も人生も思いどおりにはならないもので、コントロールすることはできない〟という意味（ざっくりだけど笑）。

だから、がんばって自分でコントロールしようとせずに、次に何が起こるかを楽しみにしながら日々を生きていけたら、それでいいのかもしれないなって。

それでも、「可愛くなりたい」とか「お給料もっと欲しい」とか「有名な大学に入りたい」とか「ビジネスで成功したい」とか、いろんな欲求があるのも自然なことだと思うし、「ああしなきゃいけない」「こうしなきゃいけない」が多すぎて、それで悩んじゃう人もいるかもしれない。

確かに人生をまるごとコントロールするのは無理。でも、できることもあるんです。それは〝なりたい自分を選んでいい〟ってこと。

ゲームのオプションみたいに、目の前にやってきたものを、いつどのタイミングで使うかは、自分で決めることができる。

そのオプション数を増やすために、私はいろんな考え方や視点に触れて、赴《おもむ》くままに体当たりして、体験しまくってきたような気もします。

そして、どんな失敗も失望も、無駄じゃなかったなと思う。

たとえそのときは撃沈したとしても、少し先の未来のトラブルを防ぐためのオプションを手に入れたのだと思っておけば、いいんです。

人間って〝考える〟生きものだから、「人生の意味」とか「生きる目的」とかをつい探しちゃう。だけれど、じつは〝ただ生まれてきたから生きている〟というニュートラルな事実だけで充分なのかもしれない……と思うことがあるんです。

投げやりになっていいと言うつもりは決してないけれど、楽しかろうが悲しかろうが、悩んでいようが、〝今、生きている〟という事実はちゃんとここにある。

だから一生懸命生きなきゃと気張ったり、何かを目指さなきゃとがんばったりしなくても（しても）、すでにみんながみんな「私を生きている」のだよね。

あなたも私もこの世界に唯一無二《ゆいいつむに》の存在で、それぞれの比べられない人生を歩んでいる。その多種多様な人生と人生が、ときに交錯して思わぬ展開が待ち受けていたりするけれど、誰も予測できないし、思いどおりにもならない。

あなたに見えている世界と、私に見えている世界もきっと違うから、結局は誰もが自分で選ぶしかない。

己《おのれ》の人生だもの、決めるのは、いつだってあなた自身なのだよね。

だからこそ、世間でも他人でもなく、つねに自分を信じてほしいと思うのです。

とまあ、あーだこーだと持論を繰り広げてきたわけだけれど、あなたにとってこれが正解とは限らないから、思うようにカスタマイズして使ってもらえたらいいなと思います。

もし、いつかあなたが人生の岐路に立ったとき、この本のひと言が切り札になったりしたら嬉しいけれど、ならなくたってもちろんＯＫ。

何かしらの糧になって消化されて、もう必要なくなったら、捨てちゃってください（笑）。

あなたの心のどこかに触れて、小さな支えになれたなら、本望です。

２０２３年４月　バービー

バービー

1984年北海道生まれ。2007年、お笑いコンビ「フォーリンラブ」を結成。男女の恋愛模様をネタにした「イエス、フォーリンラブ！」の決め台詞で人気を得る。2020年7月から2022年3月までTBSラジオ『週末ノオト』パーソナリティを務める。また、話題を呼んだピーチ・ジョンとのコラボ下着は、好評につき第6弾まで続いている。現在は、芸人としての活動だけでなく、地元北海道の町おこしや、FRaU webにてエッセイの執筆や、TBS『ひるおび！』のコメンテーターとしても活躍中。2019年末開設したYouTube「バービーちゃんねる」では355万視聴回数を超える動画もある。著書に『本音の置き場所』(講談社)がある。

Twitter
https://twitter.com/Barbie_Babiro

Instagram
https://www.instagram.com/fallin.love.barbie

YouTube〈バービーちゃんねる〉
https://www.youtube.com/c/barbie0126

「わたしはわたし」で生きていく。

2023年 6月1日　第1版第1刷発行

著　者　バービー
発行者　永田貴之
発行所　株式会社PHP研究所
東京本部
〒135-8137　江東区豊洲5-6-52
ビジネス・教養出版部 Tel:03-3520-9615(編集)
普及部 Tel:03-3520-9630(販売)
京都本部
〒601-8411　京都市南区西九条北ノ内町11
PHP INTERFACE　https://www.php.co.jp/
印刷所　株式会社精興社
製本所　株式会社大進堂

ISBN 978-4-569-85365-9